JOYCE MEYER

TERMINANDO
BEM SEU DIA

JOYCE MEYER

TERMINANDO
BEM SEU DIA

1ª Edição

Edição publicada mediante acordo com Faith Words, New York, New York. Todos os direitos reservados.

Diretor
Lester Bello

Autora
Joyce Meyer

Título Original
Ending Your Day Right

Tradução
Célia Regina Chazanas Clavello

Revisão
Tucha

Editoração Eletrônica
ArtSam Soluções Gráficas

Design capa (Adaptação)
Fernando Duarte e Ronald Machado

Impressão e Acabamento
Promove Artes Gráficas

Rua Vera Lúcia Pereira, N°122
Bairro Goiânia CEP 31.950-060
Belo Horizonte / Minas Gerais - Brasil
contato@bellopublicacoes.com
www.bellopublicacoes.com.br

© 2003 Joyce Meyer
Copyright desta edição:
FaithWords

Publicado pela Bello Com. e Publicações Ltda-ME com devida autorização de FaithWords, New York, New York.

Todos os direitos autorais desta obra estão reservados.

1ª Edição – Dezembro de 2006
Reimpressão – Junho de 2015
Novo formato – Abril de 2022

Todos os direitos reservados. Nenhuma parte desta publicação poderá ser reproduzida, distribuída ou transmitida por qualquer forma ou meio, ou armazenada em base de dados ou sistema de recuperação, sem a autorização prévia por escrito da editora.

M612

Meyer, Joyce, 1943 -
Terminando bem o seu dia: Devocionais para cada noite do ano / Pauline Joyce Meyer; tradução de Célia Regina Chazanas Clavello. Belo Horizonte: Bello Publicações, 2015.

224 p.

Título original: Ending your day right

ISBN: 978.85.61721.17-6

1. Meditações. 2. Devocionais 3. Inspiração Divina.

I. Clavello, Célia Regina Chazanas. II. Título

CDD: 231.11   CDU: 211

Suba à tua presença a minha oração,

como incenso, e seja o erguer de

minhas mãos como oferenda vespertina

S̀almos 141.2

Introdução

Deus quer que você desfrute cada dia de sua vida. Como cristão, você pode ter uma qualidade de vida que excede em muito suas expectativas, mas isso requer cooperação de sua parte. Jesus disse em João 15.10-11 que nossa alegria e satisfação serão plenas, completas e abundantes se obedecermos às instruções dEle e permanecermos em Seu amor.

Desfrutar a vida até a plenitude começa quando se toma a decisão de separar tempo todo dia para orar e meditar na Palavra de Deus e aprender a vontade e a direção dEle. As pessoas que mais desfrutam a vida são aquelas que passam tempo com Deus, buscando e seguindo Sua orientação.

Começar o dia da forma certa ao passar tempo com Deus pela manhã é algo importante, mas passar tempo com Deus à noite, antes de você ir para a cama, também é um tempo especial extra, um tempo tranquilo que lhe permite relaxar na presença de Deus e refletir sobre as atividades do seu dia.

Esta é uma boa oportunidade para O reconhecermos e Lhe agradecer por Sua presença ao nosso lado durante todo o dia e também para buscar Sua ajuda para qualquer problema não resolvido ou preocupações que possamos ter. Considere o convite de Deus em Mateus 11.28-29:

> *Vinde a mim, todos os que (trabalhais e) estais cansados e sobrecarregados, e eu vos aliviarei (Eu vos reconfortarei, socorrerei e restaurarei sua alma). Tomai sobre vós o meu jugo e aprendei de mim, porque sou manso (gentil) e humilde de coração; e achareis descanso (alívio, largueza, refrigério, recreação e uma quietude abençoada) para a vossa alma.*

Meu propósito ao escrever este livro é ajudá-lo a focalizar-se em Deus no final do seu dia agitado. Na quietude da noite, Ele o refrigerará e o restaurará, guiando-o pelas veredas da justiça (veja Salmos 23.3) e ensinando-o como desfrutar cada dia de sua vida.

Inútil vos será levantar de madrugada, repousar tarde, comer o pão que penosamente (ansiosamente) granjeastes; aos seus amados ele o dá enquanto dormem.

SALMOS 127.2

Terminando
Bem Seu Dia

1º DE JANEIRO

Você pode ter um novo começo

*Não vos lembreis [com tanta intensidade] das coisas passadas,
nem considereis as antigas. Eis que faço coisa nova!*
ISAÍAS 43.18-19

Deus o criou com a necessidade de novos começos, um lugar onde você pode liberar sua fé e dizer: "Esse é um momento de um novo começo para mim, um lugar de renovação". O início de um ano é sempre um bom momento para um recomeço.

Você pode experimentar a vida abundante que Jesus tem para lhe dar, mas isso requer tomar uma decisão de deixar o passado para trás. Sem que você abandone o caminho em que vinha andando, nenhuma mudança acontecerá. Deus quer mudar as coisas em sua vida, mas Ele espera sua total cooperação.

Raramente suas circunstâncias mudarão sem que algo mude primeiramente em você mesmo. Assim, se você quer experimentar as "coisas novas" de Deus neste ano, libere sua fé agora mesmo e diga: "Este é o lugar de um novo começo para mim". Então, observe os resultados.

2 DE JANEIRO

Busque conhecer melhor a Deus

*[Pois meu propósito e resolução são] que eu possa conhecê-lo
[que possa progressivamente tornar-me mais profunda e intimamente familiarizado
com Ele, percebendo, reconhecendo e compreendendo as maravilhas da
Sua pessoa, mais forte e claramente]...*
FILIPENSES 3.10

Esse foi o clamor do apóstolo Paulo enquanto buscava ter um relacionamento tão profundo com Deus, de forma que as tribulações da vida mal pudessem ser percebidas.

No início deste novo ano, é uma coisa sábia você também buscar isso. Há muitos problemas da vida que podem oprimi-lo e levá-lo a se tornar

Terminado bem seu dia

desencorajado, mas Deus é quem provê a força e o poder de que você precisa para ser vitorioso em cada batalha da vida. Tal relacionamento requer que você busque a Deus como nunca antes.

Assim, comece este ano da forma certa ao tornar-se mais profunda e intimamente familiarizado com Aquele que tem todo o poder nos céus e na Terra.

3 DE JANEIRO

Confie no poder da esperança

A esperança que se adia faz adoecer o coração, mas o desejo cumprido é árvore de vida.
PROVÉRBIOS 13.12

Costumo definir a esperança *como* "uma alegre antecipação das coisas boas". Você pode esperar que algo bom aconteça se aprender como celebrar e desfrutar a vida.

Tudo na vida é um processo em movimento. Sem movimento e progressão não há vida. Enquanto você viver, sempre estará seguindo para algum lugar e deve desfrutar a si mesmo no caminho. Deus o criou para ser um visionário bem orientado. Sem visão, você se tornará entediado e sem esperança.

Mas há alguma coisa sobre a esperança que torna as pessoas iluminadas e felizes: a esperança é uma força espiritual poderosa que é ativada por meio da sua atitude positiva. Deus é positivo e Ele quer que coisas positivas aconteçam com você, mas isso provavelmente não acontecerá a menos que você tenha esperança e fé.

Espere que Deus traga o bem por intermédio de cada circunstância em sua vida. Seja o que for que aconteça, confie no Senhor... e confie no poder da esperança!

4 DE JANEIRO

Guarde suas palavras

Alguém há cuja tagarelice é como pontas de espada, mas a língua dos sábios é medicina (traz cura).
PROVÉRBIOS 12.18

Sua vida é grandemente impactada pelas palavras que têm sido ditas a você. Da mesma forma, suas palavras têm impacto na vida daqueles que estão ao seu redor, para melhor ou para pior. Isso é algo sério.

Muitas pessoas têm lutado contra a insegurança porque seus pais falaram palavras de crítica, condenação e fracasso a respeito delas. Essas são pessoas feridas que podem ser curadas ao receber o amor incondicional de Deus, mas leva tempo para vencer a imagem deturpada que têm de si mesmas.

Eis por que é importante usar suas palavras para abençoar, curar e edificar, em vez de amaldiçoar, ferir e destruir.

Se você foi ferido por palavras, seja rápido para receber o amor incondicional de Deus. Deixe-o curar qualquer imagem ruim que você possa ter de si mesmo.

Se você tem sido abençoado o bastante escapando desse tipo de dano, determine que suas palavras tragam bênçãos e cura para os outros.

5 DE JANEIRO

Domine sua alma

É na vossa perseverança (paciência e firmeza) que ganhareis a (verdadeira vida da) vossa alma.
LUCAS 21.19

Você precisa aprender a não deixar sua mente e suas emoções extinguirem sua energia, especialmente quando isso envolve coisas sobre as quais você não tem qualquer controle.

Suponha que você esteja a caminho de uma entrevista importante e enfrente um congestionamento no trânsito. Como você deve reagir? Vale a pena se descontrolar e extravasar sua raiva? Não seria muito melhor para você e para todos ao seu redor que você permanecesse calmo, mesmo se chegar tarde para a entrevista? Se fizer o seu melhor, Deus fará o resto.

Recuse-se a ficar transtornado quando as coisas não ocorrem da forma que você planejou. Recuse-se permitir que sua mente, sua vontade e suas emoções governem seu espírito. Por intermédio de sua paciência, você aprenderá a dominar sua alma.

Terminado bem seu dia

6 DE JANEIRO

O louvor é o seu caminho para a vitória

Não temais, nem vos assusteis... pois a peleja não é vossa, mas de Deus.
2 CRÔNICAS 20.15

Se a vida algumas vezes parece ser uma batalha que o faz se sentir perturbado e assustado, você ficará feliz em saber que não tem de lutar sozinho. A Bíblia diz que a batalha é do Senhor.

Deus nunca perde uma batalha, e quando você age juntamente com Ele, de acordo com o plano divino, você também não perderá.

Durante tempos de tribulação, você se preocupa ou adora? O louvor e a adoração não devem ser limitados a alguns poucos minutos na igreja. Se você não adorar em casa regularmente, no momento da crise pode se sentir como uma vítima, em vez de sentir-se vitorioso.

Mas a Palavra de Deus claramente declara que o Espírito Santo ungiu um plano de batalha para combater cada desafio que você enfrenta. Quando você começar a substituir a petição pelo louvor e a preocupação pela adoração, Deus moverá a seu favor.

7 DE JANEIRO

Escolha a pureza interior

Seja, porém, o (adorno e a beleza do) homem interior do coração, unido ao incorruptível trajo de um espírito manso e tranquilo, que é de grande valor diante de Deus.
1 PEDRO 3.4

À luz desse versículo, como você classificaria seus pensamentos, suas atitudes, seus conceitos, suas opiniões e conclusões? São íntegros ou corrompidos? Puros ou carnais?

A pureza é um desafio que exige que você cuide de sua vida interior com determinação e diligência. No início, você pode sentir que a maioria dos seus pensamentos, das suas atitudes e de seus conceitos é corrupta. Mas, à medida que você persistir, novos hábitos serão desenvolvidos e, com a persistência, você poderá desfrutar a pureza interior.

O que você faz externamente – as coisas que as pessoas veem – determina sua reputação diante do homem, mas sua vida interior determina sua reputação diante de Deus.

Escolher a pureza interior é algo que você deve fazer diante de Deus para honrá-Lo. É por isso que Deus diz que um coração puro é algo precioso aos olhos dEle!

8 DE JANEIRO

Escolha o esconderijo de Deus

O que habita no esconderijo do Altíssimo e descansa à sombra do Onipotente (cujo poder nenhum inimigo pode derrotar) diz ao Senhor: Meu refúgio e meu baluarte, Deus meu, em quem confio (depondo, apoio-me e confiantemente creio).

SALMOS 91.1-2

Esse versículo contém a chave para vencer a preocupação, a ansiedade, o desânimo, o desapontamento, a depressão, o desespero e a enfermidade: é simplesmente confiar em Deus.

Talvez você queira confiar em Deus, mas parece que você não sabe como fazê-lo. Confiar em Deus requer conhecê-Lo, conhecer Seu caráter e ter experiências com Ele. Atravessar as tribulações com Deus do seu lado edificará sua fé.

Assim, quando você enfrentar problemas, pode escolher confiar ou atormentar-se. Escolha confiar em Deus e habitar no "esconderijo do Altíssimo", desfrutando a provisão divina em meio aos ataques e caminhando nos lugares sombrios na presença de Deus.

9 DE JANEIRO

Receba a cura e a restauração de Deus

O Espírito do Senhor Deus está sobre mim, porque o Senhor me ungiu para... curar os quebrantados de coração, a proclamar libertação (física e espiritual) aos cativos e a pôr em liberdade os algemados (a abertura da prisão e dos olhos daqueles que estão presos).

ISAÍAS 61.1

Terminado bem seu dia

Se você luta contra a perturbação emocional ou contra um coração ferido, Deus quer renovar-lhe a mente, restaurar-lhe a alma e dar-lhe um novo começo.

Não conheço suas circunstâncias, passadas e presentes, mas você pode ter feridas que o estão mantendo cativo. Sei por experiência própria o que é sentir isso. Mas também sei o que é ser curada e restaurada.

Quando recebi a verdade da Palavra de Deus e comecei a compreender que não tinha de permanecer presa ao meu passado, experimentei a cura emocional e a libertação da escravidão.

Deus o ama incondicionalmente e quer fazer o mesmo por você. Assim, aprenda como receber de Deus e será curado.

10 de Janeiro

Aceite a graça de Deus

[Deus]... é poderoso para fazer infinitamente mais do que tudo quanto pedimos ou pensamos, conforme o seu poder que opera em nós.
Efésios 3.20

A vida é muito agitada, e você acabará exausto se tentar fazer tudo sozinho. Correr e lutar para fazer todas as coisas com sua própria força o esgotará física, mental, emocional e espiritualmente. Mas você pode fazer algumas mudanças.

Primeiramente, examine todas suas atividades e permita que o Espírito Santo lhe mostre as coisas que tiram sua energia e não produzem qualquer fruto. Então, resolva desistir delas. Talvez você tenha de escolher entre o bom e o melhor.

Em segundo lugar, aprenda a receber mais da graça de Deus. Graça é poder. Isso significa Deus envolvendo-se em sua vida e fazendo por seu intermédio o que você nunca poderia fazer sozinho. O poder de Deus pode ajudá-lo a realizar mais do que você pode imaginar; assim, aceite a ajuda dEle e comece a desfrutar a vida.

11 DE JANEIRO

Exerça sua autoridade sobre o diabo

Sede sóbrios e vigilantes (em todos os momentos; e equilibrados). O diabo, vosso adversário, anda em derredor, como leão que ruge (ferozmente) procurando alguém para (atacar e) devorar.
1 PEDRO 5.8

Os ataques de Satanás têm sido ferozes nestes últimos tempos, mas você não precisa fugir do seu rugido. Como filho de Deus, você tem autoridade para derrotá-lo em nome de Jesus.

Satanás pode atacar sua mente, sua vontade e suas emoções. Ele tentará atacar seu corpo com fraqueza e toda espécie de enfermidades. As mentiras do diabo são intermináveis e persistentes. Ele tem prazer em brincar com suas emoções, mas você pode aprender a discernir, bem como, agressivamente, confrontar cada ataque satânico e ser vitorioso sobre seus planos malignos.

Exercer autoridade sobre o inimigo é mais do que comandos verbais... Suas palavras e atitudes devem andar juntas. Falar ou orar a Palavra libera a fé, mas você deve também caminhar em novos níveis de obediência. Assim, siga o plano de Deus e coloque o diabo para correr.

12 DE JANEIRO

Deixe Deus restaurar sua alma

O Senhor é o meu pastor... refrigera-me (e restaura-me) a alma. Guia-me pelas veredas da justiça (não por meu mérito, mas) por amor do seu nome.
SALMOS 23.1-3

Esse Salmo traz um grande conforto e encorajamento. Nosso Pastor refrigera e restaura nossa vida ou, como diz a versão Amplificada, nossa alma.

A palavra *restaurar* significa "retornar à condição anterior". Nesse Salmo, Davi está lhe dizendo que Deus o levará de volta ao estado em que você deveria estar antes de desviar-se do bom plano que Ele predestinou para você mesmo antes do seu nascimento.

Terminado bem seu dia

O plano de Deus para você não é o fracasso, a miséria, a pobreza, a enfermidade ou doenças. Seu plano é que você tenha uma vida maravilhosa, cheia de saúde, alegria e realizações.

Assim, não deixe o diabo roubar isso de você. A noite é uma grande oportunidade para, silenciosamente, permanecer na presença de Deus e permitir que Ele refrigere e restaure sua alma.

13 DE JANEIRO

Tenha confiança em Cristo

Tudo posso (Tenho força para todas as coisas) naquele que me fortalece (Estou pronto e capacitado para tudo através daquele que infunde força interior em mim).
FILIPENSES 4.13

Você foi criado por um grande Deus para fazer grandes coisas. Mas sem confiança você nunca cumprirá seu destino. É importante, contudo, lembrar-se de que não adianta ser confiante em si mesmo, mas em Cristo que habita em você.

Satanás tenta roubar sua confiança, mas você deve resistir a ele sempre. Se ele tem atormentado sua vida com temores a respeito da sua dignidade e habilidade, ousadamente, relembre-o de que Deus está com você e que você pode tudo por meio dEle.

É encorajador saber que Deus é capaz, mesmo quando não somos. Ele tem cuidado de você e espera que demonstre sua confiança nEle. A fé abre as portas para a grandeza de Deus ser vista em sua vida, Assim, confie nEle e desfrute a paz e o poder de uma vida confiante.

14 DE JANEIRO

Habite em paz

Aparta-te do mal e pratica o que é bom; procura a paz e empenha-te por alcançá-la.
SALMOS 34.14

Em nosso mundo conturbado, você já desejou ter, pelo menos, alguns momentos de paz? Isso é o que Deus tem para você. Ele o instrui em sua Palavra a viver em unidade e harmonia e a perseguir a paz.

Por que, então, é tão difícil atravessar um dia sem ser invadido por um espírito de contenda? Satanás trabalha por intermédio da fraqueza da sua carne para manter a atmosfera em sua vida e as atitudes do seu coração em constante tormento. Ele busca arrancá-lo da paz e envolvê-lo em conflitos, o que traz devastação e destruição.

Mas o poder de Deus é maior do que o poder do diabo. Quando você enfrenta os conflitos no nome de Jesus, remove a força que isso tem para roubar a paz e a alegria, que são sua herança divina.

Tenha alguns momentos no silêncio nesta noite para desfrutar a maravilhosa paz e a presença de Deus, e você terá uma boa noite de sono.

15 DE JANEIRO

Deixe Deus ser bom para você

> *Por isso, o Senhor espera (intensamente), para ter misericórdia de vós (ansiando, desejando e buscando), e se detém, para se compadecer de vós (e mostrar a sua benignidade a vós).*
> ISAÍAS 30.18

Esse não é um versículo maravilhoso? Ele diz que Deus espera para ser bom com você. Ele realmente busca e anseia por uma oportunidade para mostrar sua bondade. Ele é um de Deus justiça e deseja transformar cada coisa errada em algo certo. Mas Deus somente pode ser bom para aqueles que esperam nEle, aqueles que creem em suas promessas.

Você está disposto? Não caia na armadilha de Satanás tornando-se negativo. Não creia naquilo que ele diz, que na verdade seu passado "não passou" e seu futuro será terrível. Escolha crer em Deus e esteja pronto para receber os maravilhosos presentes que Ele espera lhe dar.

Vá dormir meditando neste pensamento: *Algo bom está prestes a acontecer comigo!*

16 DE JANEIRO

Não desista!

E não nos cansemos de fazer o bem, porque a seu tempo ceifaremos, se não desfalecermos.
GÁLATAS 6.9

Você já se sentiu com vontade de desistir? Talvez você esteja desanimado com suas finanças ou enfrentando problemas com sua saúde, seu casamento ou seus filhos. Algumas vezes, os problemas parecem tão grandes que a estrada à nossa frente parece descambar num abismo.

Todos nós enfrentamos tempos como esses. Já desejei desistir muitas vezes e voltar atrás, mas, quando percebi que não havia nada de interessante para trás, determinei-me a seguir em frente.

Embora seguir em frente pareça algumas vezes doloroso, é melhor do que desistir e retroceder. Deus está fazendo uma boa obra *em* você, e Ele pode fazer mais *por* você e por intermédio de você.

Assim, peça-Lhe que o encha com uma santa determinação nesta noite e prossiga na direção certa.

17 DE JANEIRO

Aprenda a amar

Novo mandamento vos dou: que vos ameis uns aos outros; assim como eu vos amei, que também vos ameis uns aos outros.
JOÃO 13.34

Quanto você sabe sobre o amor verdadeiro, o amor de Deus? Todos sabem que o amor está sempre relacionado com o cristianismo. Há muitos sermões sobre o amor. Este é evidentemente um assunto agradável e cativante. Todos falam a respeito do amor. Mas onde estão todas essas pessoas que verdadeiramente amam?

O tipo de amor de Deus é incondicional e sempre disponível. Ele lhe estende seu amor e quer que você o receba e seja abençoado. Então, Ele quer que você dê esse mesmo amor aos outros.

O que o mundo precisa agora é de amor, o amor verdadeiro. Percebi que pessoas solitárias e feridas frequentemente não desejam que você satisfaça suas necessidades... Elas simplesmente querem ser amadas e compreendidas.

Se você necessita do amor verdadeiro, receba-o de Deus agora mesmo. Então deixe que esse amor flua em sua vida para abençoar os outros.

18 DE JANEIRO

Deus não se esqueceu de você

Não vos sobreveio tentação que não fosse humana; mas Deus é fiel e não permitirá que sejais tentados além das vossas forças; pelo contrário, juntamente com a tentação, vos proverá livramento, de sorte que a possais suportar.
1 CORÍNTIOS 10.13

O mundo está cheio de pessoas enfrentando tribulações e tentações e buscando uma forma de escape. Se você já se sentiu pressionado por todos os lados e não encontrou uma forma de livrar-se, ou sentiu-se confuso e não soube o que fazer, você sabe o que é um sentimento de desespero e solidão.

A Palavra diz que Deus é fiel e que abrirá um caminho para você, mas nem sempre Ele nos mostrará esse caminho imediatamente. Eis quando você deve esperar... e confiar.

Esperar em Deus purifica sua fé e edifica o caráter divino em sua vida. Você pode não gostar de esperar, mas o caminho de Deus é perfeito! Assim, assegure-se de que Deus não se esqueceu de você, confie nEle e, no tempo certo, Ele lhe revelará seu plano perfeito. Enquanto você espera, não se esqueça de desfrutar sua vida.

19 DE JANEIRO

Espere as bênçãos de Deus

Espera pelo Senhor (aguarda e mantém tua esperança no Senhor), tem bom ânimo, e fortifique-se o teu coração (seja determinado e paciente); espera, pois, pelo Senhor.
SALMOS 27.14

Terminado bem seu dia

Algumas vezes você pode se sentir desencorajado, miserável e deprimido. Nessas ocasiões, você precisa observar atentamente o que está se passando em sua mente. Isaías 26.3 diz que quando você conserva sua mente no Senhor terá "paz perfeita e constante".

Ao focalizar-se na bondade de Deus e aguardar, com esperança e expectativa nEle, você será encorajado, cheio da paz e alegria do Senhor para que possa vencer os pensamentos negativos que tentam desanimá-lo.

Pense e fale positivamente. Comece a crer agora mesmo que você está prestes a ver a bondade de Deus. Aguarde com esperança e expectativa que as bênçãos de Deus sejam abundantes em sua vida.

20 de Janeiro

Diga sim a Deus

Nem olhos viram, nem ouvidos ouviram, nem jamais penetrou em coração humano o que Deus tem preparado para aqueles que o amam.
1 Coríntios 2.9

Deus preordenou e pagou o preço para que você tivesse e desfrutasse uma vida abençoada antes mesmo que você surgisse no planeta Terra. Então, Ele enviou o Espírito Santo para guiá-lo a toda a verdade e às bênçãos que Ele quer que você tenha. A chave para receber é simplesmente obedecer.

Quando você não obedece às orientações de Deus, sai do caminho e falha em desfrutar todas as boas coisas que Ele tem em mente para sua vida. Não deixe o diabo enganá-lo para que você perca a superabundância de Deus por causa da desobediência.

Comece a semear imediatamente sementes de obediência, e as bênçãos divinas o alcançarão. A obediência radical e ilimitada trará bênçãos radicais e ilimitadas. Obedecer a Deus durante o dia nos ajuda a dormir bem à noite.

21 DE JANEIRO

Vença o medo com a fé

Porque Deus não nos tem dado espírito de covardia (medo), mas de poder, de amor e de moderação (e de uma mente sã).
2 TIMÓTEO 1.7 – NKJV

Já pensou como seria maravilhoso se você pudesse viver sem nunca ter de lidar com o medo?

Certamente, há temores saudáveis que o alertam contra os perigos para que você possa evitá-los, e isso é bom porque o protege. Mas há muitos outros medos que Satanás tenta colocar em você e que não deveriam ser preocupações legítimas. Isso é o que chamo de falsa evidência com aparência real e é destinada a impedi-lo de ter poder, amor e a mente equilibrada que Deus deseja que você tenha.

O medo é um espírito que deve ser confrontado seriamente, pois não desaparecerá sozinho. Mas Deus lhe deu o poder de, ousadamente, confrontar seus medos e quebrar seu domínio em sua vida.

Assim, quando o medo bater à sua porta, envie a fé para atendê-lo!

22 DE JANEIRO

Deixe Deus ser Deus

Pois quem conheceu (ou compreendeu) a mente (os conselhos e propósitos) do Senhor, que o possa instruir (guiá-lo e orientá-lo)?
1 CORÍNTIOS 2.16

Não é trabalho seu dar orientações, conselhos e direção a Deus. Seu trabalho é ouvi-Lo e deixar Ele lhe diga o que está acontecendo e o que você tem de fazer a respeito, deixando o resto para Ele fazer de acordo com o conhecimento e a vontade dEle, e não conforme sua própria vontade.

Deus é Deus, e você, apenas, um ser humano. Você precisa reconhecer essa verdade e simplesmente confiar-se a Ele, porque Ele é maior do que você em todos os sentidos. Você foi criado à imagem dEle, mas Ele

Terminado bem seu dia

é quem está acima e além de você. Os pensamentos e caminhos dEle são mais altos do que os nossos.

Assim, ouça a Deus nesta noite, seja-Lhe obediente, e Ele lhe ensinará o caminho que deve seguir. Lance sobre Ele seus cuidados, libertando-se do peso de todas as suas cargas e durma tranquilamente.

23 DE JANEIRO

Permita que Deus o transforme

Estando ele em Betânia... veio uma mulher trazendo um vaso de alabastro com preciosíssimo perfume de nardo puro (bastante caro e valioso); e, quebrando o alabastro, derramou o bálsamo sobre a cabeça de Jesus.

MARCOS 14.3

Muito frequentemente, as pessoas têm medo de se quebrantar. Mas, se seu homem exterior for quebrantado, coisas poderosas dentro de você poderão surgir. O perfume do Espírito Santo está dentro de você, mas o vaso de alabastro, que representa a carne, tem de ser quebrado para que a doce fragrância seja liberada. A carne é naturalmente orgulhosa e insubmissa.

Para liberar plenamente o poder do Espírito Santo que habita em seu coração, você deve permitir que Deus faça com você conforme Ele deseja, sabendo que tudo na vida se transforma.

Se você quer ter estabilidade em sua vida, deve se lembrar de que a vida é um processo contínuo e que tudo, inclusive você, está em permanente mudança. Você deve esperar em Deus, o único que é "o mesmo ontem, hoje e para sempre". (Hebreus 13.8)

24 DE JANEIRO

Permaneça em equilíbrio

Aprendi a viver contente (satisfeito a ponto de não me perturbar ou me inquietar) em toda e qualquer situação.

FILIPENSES 4.11

Estabilidade significa maturidade. Crescer em Deus é chegar ao lugar em que você pode estar satisfeito, não importando qual seja sua situação ou circunstâncias, porque você não está arraigado e firmado nas coisas, mas somente no Senhor.

Paulo era emocional e espiritualmente maduro porque ele sabia que em qualquer condição em que estivesse aquilo passaria. Ele aprendeu o segredo de enfrentar cada situação da vida, fosse boa ou ruim.

Deus quer abençoá-lo e usá-lo como um vaso por meio do qual o Espírito Santo pode operar. Mas para isso acontecer você deve aprender como enfrentar os tempos bons e os tempos ruins. Eis por que é tão importante lembrar que tudo o que vem em seu caminho "isso também vai passar". Esses tempos bons ou ruins não durarão para sempre, mas por intermédio de Cristo você pode enfrentar tudo isso com alegria e estabilidade.

25 DE JANEIRO

Você simplesmente deve passar

Ainda que eu ande pelo vale (profundo e escuro) da sombra da morte, não temerei mal nenhum, porque tu estás comigo; o teu bordão (tua vara para me proteger) e o teu cajado (para me guiar) me consolam.
SALMOS 23.4

O salmista Davi disse que ele *passava* pelo vale da sombra da morte. Eis o que você deve fazer em todas as situações e circunstâncias de sua vida. Você deve se lembrar de que você deve apenas *passar* por ali.

Quando você se sente como se estivesse preso a uma situação que nunca vai mudar, permita que Deus o leve a passar por ela. Quando o diabo disser "Você está preso a isso", ousadamente diga-lhe: "Você está errado! Estou apenas *passando* por aqui"!

Sadraque, Mesaque e Abedenego foram lançados na fornalha ardente, mas Deus os fez passar em segurança pelo fogo. (Veja Daniel 3.)

A Palavra diz que Deus proverá essa mesma proteção e libertação a todos que colocam sua fé e confiança nEle. Assim, creia nisso enquanto passa pelo vale da sua própria situação.

26 DE JANEIRO

Todos nós seremos transformados!

Nem todos dormiremos (o sono da morte), mas transformados seremos todos, num momento, num abrir e fechar de olhos, ao ressoar da última trombeta.
1 CORÍNTIOS 15.51-52

Todos nós gostamos do "subitamente", e Deus promete que tudo o que restar em nós a ser transformado será concluído "subitamente" quando Jesus retornar à Terra. Até lá, podemos confiantemente crer que Ele está trabalhando em nossa vida por meio da Sua Palavra e de Seu Espírito de forma constante.

Se você passar tempo com a Palavra de Deus e crer que Ele está operando em sua vida, será transformado de um degrau de glória a outro.

Você não tem de ficar desanimado sobre seu crescimento espiritual ou sobre sua caminhada com Deus, porque, não importa o que restar para ser feito na sua transformação para um novo homem, isso será realizado subitamente quando Jesus surgir em glória.

Se o diabo tentar lhe dizer que você permanecerá para sempre da forma que está hoje, ele está mentindo. A promessa de Deus em sua Palavra é que Ele começou uma boa obra em você e também a concluirá. (Veja Filipenses 1.6.)

27 DE JANEIRO

Deixe a autossuficiência

Crê no Senhor Jesus (entregue-se a Ele, deixando de cuidar de si mesmo e confiando-se a Ele) e serás salvo...
ATOS 16.31

Deus quer cuidar de você e Ele pode fazê-lo de forma muito melhor se você evitar um problema chamado autossuficiência ou independência, que significa cuidar sozinho de si mesmo.

O desejo de cuidar de si mesmo é baseado no medo. Você teme o que pode acontecer se confiar totalmente a Deus e Ele não cuidar devidamente de sua vida. A raiz do problema da independência é você confiar em si mesmo mais do que confia em Deus.

As pessoas gostam muito de ter um plano reserva: você até pede a Deus que se envolva em sua vida, mas, se Ele não responder imediatamente como você gostaria, você reassume o controle.

Mas Deus tem um plano para você, e o plano dEle é muito melhor do que o seu. Assim, entregue-Lhe sua vida e veja o que acontece. Garanto que você não ficará desapontado.

28 de Janeiro

Permaneça firme contra o adversário

Porque uma porta grande e oportuna (promissora) para o trabalho (um serviço efetivo) se me abriu; e há muitos adversários.
1 Coríntios 16.9

É verdade que tudo o que você fizer para Deus enfrentará a oposição do adversário. Mas você deve lembrar-se de que maior é aquele que está em você do que aquele que está no mundo. (Veja 1 João 4.4.)

Você não deve passar sua vida lutando contra o diabo para servir a Deus. Em vez de desgastar-se tentando combater inimigos espirituais, aprenda a permanecer firme na autoridade recebida por intermédio de Jesus.

A melhor forma de vencer o diabo e seus demônios é simplesmente permanecer na vontade de Deus, obedecendo à sua Palavra, e Ele operará as coisas de acordo com Seu plano e propósitos divinos.

29 de Janeiro

Dependa do Espírito

O espírito é o que vivifica (Ele é o doador da vida); a carne para nada aproveita...
João 6.63

Se você quer cumprir a vontade de Deus em sua vida, a carne, o egoísmo e a natureza pecaminosa rebelde devem morrer. Tudo isso deve perder seu poder.

Terminado bem seu dia

Frequentemente você não está plenamente consciente dos pensamentos, ações e atitudes pecaminosas em seu coração porque está mais consciente da vida exterior. Essas coisas devem ser enfrentadas e tratadas se você quer desfrutar a boa vida que Deus planejou.

Paulo disse que desejava fazer coisas boas, mas encontrava-se sempre fazendo coisas erradas. Ele descreveu como se sentia miserável em viver assim. Ele queria ser livre, e após muita luta percebeu que somente Deus poderia libertá-lo e que por intermédio de Jesus Cristo Deus o faria. (Veja Romanos 7.18-25.)

Quando você enfrenta períodos de provação, deve perceber que sua carne nunca quer beneficiá-lo. Só assim você negará sua carne e dependerá do Doador da vida, que é o Espírito Santo, para edificar o caráter dEle em você.

30 de Janeiro

Deixe isso e deixe Deus agir

Abstende-vos de toda forma de mal. O mesmo Deus da paz vos santifique em tudo; e o vosso espírito, alma e corpo sejam conservados íntegros e irrepreensíveis... Fiel é o que vos chama, o qual também o fará.
1 Tessalonicenses 5.22-24

Essas são instruções de Deus para você encontrar paz e alegria: afastar-se do comportamento errado e permitir que o Senhor da paz santifique, preserve, complete, purifique e guarde você.

Esses versículos acima são o chamado de Deus para um tipo de viver santo. Também são a segurança de que não é você que produz essa vida santa, mas o próprio Deus, que é plenamente confiável para realizar essa obra *em* você e *por* você.

Qual é, então, a sua parte? O que você deve fazer? O que Deus requer de você? Sua parte é crer e confiar no Senhor. Prossiga assim e deixe Deus ser Deus!

31 DE JANEIRO

Escolha agradar a Deus

Porventura, procuro eu, agora, o favor dos homens ou o de Deus? Ou procuro agradar a homens? Se agradasse ainda a homens (tentasse obter a popularidade entre os homens), não seria (um verdadeiro) servo de Cristo.

GÁLATAS 1.10

O apóstolo Paulo disse que em seu ministério ele tinha de escolher entre agradar aos homens e agradar a Deus. Essa é uma escolha que você também deve fazer.

Se seu alvo é edificar um nome para si mesmo e ganhar o favor das pessoas, isso o levará a viver com medo do homem, em vez de viver no temor de Deus.

Durante anos, tentei construir minha própria reputação entre os crentes ao me esforçar para obter o favor dos homens, mas, por meio de amargas experiências, aprendi que vivendo assim eu teria de me submeter a todo tipo de escravidão das pessoas. Deus me ajudou a perceber que eu somente seria verdadeiramente livre nele.

Se você está tentando construir sua reputação diante das pessoas, é tempo de desistir de todos os seus esforços humanos e simplesmente confiar em Deus. Ele lhe concederá favor sobrenatural diante das pessoas certas para sua vida.

1º DE FEVEREIRO

Dons da graça

Porque, pela graça (imerecido favor) que me foi dada, digo a cada um dentre vós que não pense de si mesmo além do que convém (não tenha uma consideração exagerada de sua própria importância); antes, pense com moderação (avalie sua habilidade de forma moderada), segundo a medida da fé que Deus repartiu a cada um.

ROMANOS 12.3

Pessoas orgulhosas comparam-se com outras e sentem-se superiores se são capazes de fazer algo que os outros não podem fazer.

Terminado bem seu dia

Em 1 Coríntios 15.10, o apóstolo Paulo escreveu: "Mas pela graça (o imerecido favor e bênção) de Deus sou o que sou". Se você não percebe que você é o que é pela graça de Deus, pensará a respeito de si mesmo mais do que convém.

Você deve julgar a si mesmo de forma equilibrada, sabendo que sem Deus você não pode fazer nada que realmente tenha valor. O sucesso vem somente pela graça de Deus. Suas realizações e habilidades não são méritos seus, mas dons concedidos por um Pai amoroso.

2 DE FEVEREIRO

O Eu Sou

Disse Deus a Moisés: Eu Sou o que Sou (e Eu Serei o que Eu Serei). Disse mais: Assim dirás aos filhos de Israel: Eu Sou me enviou a vós outros.
ÊXODO 3.14

Esse versículo maravilhoso contém muito mais do que você pode perceber à primeira vista. Deus é tão grandioso que não há forma de descrevê-Lo adequadamente. O que Deus realmente está dizendo quando se referiu a si mesmo como *Eu Sou*?

Moisés fez uma pergunta sobre a identidade de Deus e evidentemente o Senhor não quis entrar numa longa dissertação sobre quem Ele é. É como se Deus estivesse dizendo: "Você não tem de se preocupar com Faraó ou qualquer outra coisa, *Eu Sou* capaz de cuidar de tudo que você enfrentar. Do que você precisar *Eu Sou*, Eu tenho ou posso obter isso. Se isso não existir, posso criar. Eu tenho tudo sob meu comando, não somente agora, mas sempre: fique tranquilo"!

3 DE FEVEREIRO

Deus o aprova!

Antes que eu te formasse no ventre materno, eu te conheci, e, antes que saísses da madre, te consagrei (Eu o aprovei como meu instrumento escolhido)...
JEREMIAS 1.5

Ninguém conhece você tão bem quanto Deus. Embora Ele saiba tudo a seu respeito, incluindo seus erros, Ele ainda o aprova e o aceita. Deus vê seu coração, não apenas sua aparência exterior (a carne), que parece colocá-lo em tantos problemas. Ele não aprova seu comportamento errado, mas está comprometido com você como pessoa. Deus pode odiar o que você faz e, contudo, amá-lo. Ele não considera difícil separar você do seu comportamento.

Deus nunca pretendeu que você se sentisse mal sobre si mesmo. Ele quer que você se conheça bem e, contudo, aceite a si mesmo. Você deve ser capaz de dizer: "Posso amar o que Deus pode amar. Não amo tudo que faço, mas me aceito porque Deus também me aceita".

Deus está mudando você diariamente. Peça-Lhe que o ajude a aceitar e amar a si mesmo, a despeito das suas imperfeições.

4 DE FEVEREIRO

Não tomarás Seu nome em vão

Não tomarás o nome do Senhor, teu Deus, em vão (de forma frívola e leviana, com falsas afirmações, ou profanando-o), porque o Senhor não terá por inocente o que tomar o seu nome em vão.
ÊXODO 20.7

Malaquias 1.14 diz: "Porque eu sou grande Rei, diz o Senhor dos Exércitos, o meu nome é terrível (e reverentemente temido) entre as nações". Como cristão, você precisa ter tal reverência pelo Senhor que temerá pronunciar seu nome santo sem algum propósito. Mas, frequentemente, dizemos coisas como: "Oh, Deus"! e "Meu Deus" como formas comuns de expressão.

De acordo com a Bíblia, temos recebido autoridade para expulsar demônios, orar pelos enfermos e pregar o evangelho no nome de Jesus.

Como podemos esperar ver o poder de Deus manifesto se nós usarmos seu nome seriamente algumas vezes e de forma descuidada em outras? Se misturarmos as coisas positivas e negativas, operaremos sem nenhum poder.

Terminado bem seu dia

5 DE FEVEREIRO

Uma igreja vitoriosa

O Senhor te porá por cabeça e não por cauda; e só estarás em cima e não debaixo, se obedeceres aos mandamentos do Senhor, teu Deus.

DEUTERONÔMIO 28.13

Certamente estamos vivendo os últimos dias, e a Bíblia ensina que os ataques de Satanás se intensificarão durante esses tempos perigosos. O inimigo é um mestre do engano. Ele mente, trapaceia e rouba. Satanás lança ataques pessoais contra seu casamento, seus filhos, seu trabalho e sua vida pessoal. Ele também almeja atingir sua mente, suas emoções e seu corpo físico.

Como você pode se defender? Efésios 3.10 diz: "Para que, *pela igreja*, a multiforme sabedoria de Deus se torne conhecida, agora, dos principados e potestades nos lugares celestiais", Deus pretende operar por meio da igreja para derrotar o inimigo. Ele o fará por nosso intermédio! Ele nos concede sabedoria para sabermos qual atitude tomar e nos dá força para agir. Aquele que é Maior vive dentro de nós como cristãos; portanto, temos poder sobre Satanás.

6 DE FEVEREIRO

Pensamentos do coração

Ou fazei a árvore boa (saudável) e o seu fruto bom (saudável) ou a árvore má (doentia, podre) e o seu fruto mau (doentio, podre); porque pelo fruto se conhece (identifica-se e julga-se) a árvore.

MATEUS 12.33

A Bíblia diz que uma árvore é conhecida pelo seu fruto, e o mesmo é verdade com relação a você. Você pode olhar para a atitude de uma pessoa e saber que tipo de pensamento prevalece em sua vida. Uma pessoa doce e amável não tem pensamentos mesquinhos e vingativos. Da mesma forma, uma pessoa verdadeiramente má não tem pensamentos bons e amáveis.

Seus pensamentos produzem frutos. Tenha bons pensamentos, e o fruto em sua vida será bom. Tenha pensamentos ruins, e o fruto de sua vida será ruim. Lembre-se de Provérbios 23.7 e permita que isso cause um impacto em sua vida: como você imagina em seu coração, assim você é.

7 DE FEVEREIRO

O Espírito Santo

Quando vier, porém, o Espírito da verdade (o Espírito doador da Verdade), ele vos guiará a toda a (plena, completa) verdade; porque não falará por si mesmo (sua própria mensagem), mas dirá tudo o que tiver ouvido [do Pai, dando a mensagem que lhe foi entregue] e vos anunciará (e declarará) as coisas que hão de vir [que acontecerão no futuro].
JOÃO 16.13

Deus sabia que você precisaria de ajuda para compreender o plano dEle para sua vida, e assim Ele enviou o Espírito Santo para habitar em você. Ele é seu Guia, seu Mestre da verdade, seu Consolador e seu Ajudador. Ele também é o Paracleto, o que significa Conselheiro, Advogado e Intercessor.

Jesus estava confinado a um corpo físico e podia estar somente em um lugar de cada vez, mas Ele sabia que o Espírito Santo estaria com você onde quer que você fosse, o tempo inteiro, orientando sua vida.

Confie no Espírito Santo que habita em você, descanse no conhecimento de que por intermédio dEle você está se tornando tudo o que Deus planejou para sua vida.

8 DE FEVEREIRO

Escolha a vida

Os céus e a terra tomo, hoje, por testemunhas contra ti, que te propus a vida e a morte, a bênção e a maldição; escolhe, pois, a vida, para que vivas, tu e a tua descendência
DEUTERONÔMIO 30.19

Terminado bem seu dia

Nesse versículo, a palavra *vida* significa "frescor, força, intensidade e alegria". Em João 10.10, Jesus disse que Ele veio para que você pudesse ter vida. De acordo com o dicionário Vine, nesse versículo, a Palavra *vida* é traduzida como "vida como o Senhor tem, a qual o Pai tem em si mesmo e a qual Ele deu ao seu Filho encarnado para ter em si mesmo... e a qual o Filho manifestou ao mundo".

A vida não é simplesmente um período de tempo. É uma qualidade de existência, ou seja, o tipo de vida como o Senhor tem. A vida de Deus não é cheia de medo, estresse, preocupação ou depressão. Deus separa tempo para desfrutar sua criação.

Adão perdeu esse tipo de vida por causa do pecado, mas você pode tê-la de volta por intermédio de Cristo Jesus. Escolha o tipo de vida de Deus.

9 DE FEVEREIRO

Algo verdadeiro

Vós sois o sal da terra; ora, se o sal vier a ser insípido (perder seu poder, sua qualidade), como lhe restaurar o sabor?... Vós sois a luz do mundo. Não se pode esconder a cidade edificada sobre um monte;
MATEUS 5.13-14

Quando as pessoas descobrem que você é um cristão, elas querem saber se você é "verdadeiro". Muitas pessoas tentaram a "religião" e tiveram uma experiência ruim. Deus nos usa para alcançar o mundo. Se você quer ser *sal* de forma efetiva, deve permitir que Jesus brilhe em sua vida.

Você, provavelmente, conhece alguém que simplesmente ilumina o ambiente quando chega. Da mesma forma, os cristãos que deixam a luz de Jesus brilhar em sua vida podem mudar toda a atmosfera ao seu redor. Os incrédulos devem sentir como se o poder tivesse subitamente chegado, mesmo se eles não compreenderem por quê.

Quando você chegar ao seu trabalho pela manhã, seja sal e luz para que aqueles ao seu redor saibam que seu relacionamento com Jesus é algo verdadeiro.

10 DE FEVEREIRO

Uma atitude equilibrada

Eu vim para que tenham (e desfrutem a) vida e a tenham em abundância (até a plenitude, até transbordar).
João 10.10

Durante anos, senti que tudo em minha vida devia ser trabalho, trabalho e trabalho. Enquanto estivesse realizando algo, enquanto estivesse fazendo o que todos esperavam de mim, eu cria que estava agradando a Deus. Infelizmente, eu não estava desfrutando minha vida!

Nunca me esquecerei do dia em que meus filhos queriam que eu assistisse a um filme com eles. Eles diziam: "Mamãe, venha! Você não tem de trabalhar o dia inteiro e ler a Bíblia o resto do tempo. Sabemos que você ama a Deus. Venha se divertir um pouco"! Finalmente, decidi assistir ao filme com eles, mas me senti culpada por fazê-lo.

Deus teve de me ensinar que não há nada de errado em passar tempo com a família, tirar um dia de folga ou me divertir. Você pode trabalhar até a morte e, assim, perder algumas das maiores bênçãos de Deus. Permita que Ele traga equilíbrio à sua vida.

11 DE FEVEREIRO

Resmungar e murmurar

Os tais são murmuradores (queixosos), são descontentes (da sua porção nesta vida), andando segundo as suas paixões (desejos).
Judas 1.16

Algumas vezes, parece que o mundo inteiro está reclamando. Há tanta lamentação e murmuração e tão pouca gratidão e apreciação! Pessoas reclamam de seu emprego e de seu chefe quando deveriam ser gratas por ter um trabalho regular e desfrutar o fato de que não estão vivendo num albergue para desabrigados. Muitas pessoas vibrariam por ter um emprego, a despeito das suas imperfeições. Elas desejariam muito se submeter a um chefe não tão perfeito, desde que tivessem um salário regular, morassem em sua própria casa e cozinhassem sua própria comida.

Terminado bem seu dia

Talvez você precise de um salário melhor ou tenha um chefe que o maltrate. Isso é algo desagradável, mas o caminho não é a reclamação.

Agradeça a Deus nesta noite por todas as bênçãos que Ele tem derramado sobre sua vida.

12 DE FEVEREIRO

Calçando sapatos maiores

Ninguém te poderá resistir todos os dias da tua vida; como fui com Moisés, assim serei contigo; não te deixarei, nem te desampararei.

JOSUÉ 1.5

Imagine como Josué deve ter se sentido quando Deus lhe disse que ele tomaria o lugar de Moisés e lideraria os israelitas à terra prometida. Moisés era um líder admirável. Quem ousaria substituí-lo?

Deus disse a Josué que ele seria bem-sucedido não por seus talentos naturais, mas porque Deus estaria com ele. Moisés foi bem-sucedido somente porque Deus estava com ele, e Ele disse a Josué que a mesma coisa lhe aconteceria se ele cresse. Deus permaneceu encorajando Josué a ser forte e confiante, a esforçar-se e não temer. Em outras palavras, Ele disse a Josué: Creia!

Coloque sua fé e sua confiança em Deus. Ele lhe dará força para resistir e realizar tudo que Ele lhe pedir para fazer.

13 DE FEVEREIRO

Segurança bendita

Porque eu estou bem certo (persuadido além da dúvida) de que nem a morte, nem a vida, nem os anjos, nem os principados, nem as coisas (iminentes, ameaçadoras) do presente, nem do porvir, nem os poderes, nem a altura, nem a profundidade, nem qualquer outra criatura poderá separar-nos do amor de Deus, que está em Cristo Jesus, nosso Senhor.

ROMANOS 8.38-39

Você não pode confiar a menos que creia que você é amado. Para crescer em Deus e ser transformado, você deve confiar nEle. Frequentemente Ele o levará em caminhos que você não consegue compreender. Durante esses momentos, você deve ter a convicção do amor de Deus por você. O apóstolo Paulo foi convencido de que nada seria capaz de separá-lo do amor de Deus em Cristo Jesus. Você precisa ter a mesma segurança absoluta no eterno amor de Deus por você.

Aceite o amor de Deus e faça desse amor a base do seu amor pelos outros. Receba a aceitação de Deus sabendo que você será transformado em tudo aquilo que Ele deseja que você seja.

14 DE FEVEREIRO

Um amor perfeito

E nós conhecemos (compreendemos, reconhecemos e temos consciência, pela observação e pela experiência) e cremos (dependemos, confiamos e nos apoiamos) no amor que Deus tem por nós. Deus é amor, e aquele que permanece (e prossegue) no amor permanece (e prossegue) em Deus, e Deus, nele.

1 JOÃO 4.16

A maioria das pessoas consegue crer que Deus as ama se elas pensam que merecem isso. O problema surge quando você sente que não merece o amor de Deus e, contudo, precisa desesperadamente dEle. O amor de Deus por você é perfeito e *incondicional*. Quando você falha, Ele permanece amando você porque seu amor não é baseado em você, mas nEle.

O pecado o separou de Deus, mas Ele o amou tanto que enviou seu Filho, Jesus, para morrer por você e para que Ele pudesse derramar seu grande amor sobre sua vida. Se você pode acreditar que Deus, que é tão perfeito, o ama, então pode acreditar que é digno de amor! Quando isso acontece, você pode aceitar-se a si mesmo de uma nova maneira que transformará sua vida. Você é especial, tem dignidade e valor. Creia nisso, receba isso e seja tudo o que você pode ser em Cristo.

Terminado bem seu dia

15 de Fevereiro

O caminho estreito

Entrai pela porta estreita (larga é a porta, e espaçoso, o caminho que conduz para a perdição, e são muitos os que entram por ela), porque estreita é a porta, e apertado, o caminho que conduz para a vida, e são poucos os que acertam com ela.

MATEUS 7.13-14

A vida cristã, algumas vezes, pode parecer como uma panela de pressão. Deus fala conosco sobre situações e atitudes para trazer correção. Há coisas em nossa vida que nos impedem de ser tudo o que Deus deseja que sejamos, e Ele lida com isso porque nos ama e quer liberar o melhor para nossa vida.

Isso é um processo contínuo. Deus mostra algo, e geralmente resistimos a Ele por um tempo, e então finalmente mudamos. Ele nos deixa descansar por um tempo e depois nos mostra uma coisa nova que precisa ser trabalhada.

Antigamente caminhávamos por uma estrada larga e interminável que nos levaria à destruição, mas agora somos guiados por um caminho estreito que leva à vida. Não há espaço nesse caminho estreito para nossas velhas atitudes carnais e egoístas. Não é de admirar que Paulo diga: "Já estou crucificado com Cristo; e vivo, não mais eu, mas Cristo vive em mim". (Gálatas 2.20.)

16 de Fevereiro

Sacuda isso!

Tendo Paulo ajuntado e atirado à fogueira um feixe de gravetos, uma víbora, fugindo do calor, prendeu-se-lhe à mão. Quando os bárbaros viram a víbora pendente da mão dele, disseram uns aos outros: Certamente, este homem é assassino, porque, salvo do mar, a Justiça (a vingança divina) não o deixa viver. Porém ele (simplesmente), sacudindo o réptil no fogo, não sofreu mal nenhum.

ATOS 28.3-5

Quando Paulo escapou do naufrágio, chegando à ilha de Malta, uma serpente venenosa que fugia do calor da fogueira o mordeu. Ele simplesmente sacudiu a criatura de volta às chamas. Você deve seguir o exemplo de Paulo e fazer o mesmo em sua vida.

Seja o que o estiver perturbando, sacuda isso! Existem grandes coisas planejadas para você. Os sonhos do futuro não deixam espaço para as mordidas venenosas do passado.

17 DE FEVEREIRO

Um coração de carne

Dar-lhes-ei um só coração [um novo coração], espírito novo porei dentro deles; tirarei da sua carne o coração de pedra [terrivelmente endurecido] e lhes darei coração de carne [sensível e responsivo ao toque de Deus].
EZEQUIEL 11.19

Deus colocou um senso de certo e errado dentro de nossa consciência, mas se você se rebelar muitas vezes pode endurecer seu coração. Se isso acontece, você precisa deixar que Deus amoleça seu coração para que você possa ser sensível à liderança do Espírito Santo.

O caminho para desenvolver um coração de carne é passar tempo com Deus. Você deve estar na presença dEle regularmente para ouvir o que Ele está dizendo. Deus, frequentemente, fala mansamente, e aqueles que estão agitados, cuidando de suas próprias coisas, não conseguem ouvir Sua voz mansa e suave.

Nesta noite, enquanto você passar tempo na presença de Deus, peça-Lhe que abrande seu coração para que você possa receber a direção dEle em todos os momentos.

18 DE FEVEREIRO

Santificação da alma

Portanto, despojando-vos de toda impureza e acúmulo de maldade, acolhei, com mansidão (modéstia e humildade), a palavra em vós implantada (e enraizada), a qual é poderosa para salvar a vossa alma.
TIAGO 1.21

Terminado bem seu dia

Uma vez que você nasceu de novo, seu espírito foi recriado e você irá para o céu quando morrer. Mas Deus não terminou aí; Ele apenas começou a obra em sua vida. Você precisa "desenvolver sua salvação com temor e tremor" (Filipenses 2.12). Em outras palavras, sua alma precisa ser salva. A alma é frequentemente definida como a mente, vontade e emoções. Cada uma dessas áreas precisa de salvação.

O Espírito Santo trabalha incansavelmente para transformar o homem inteiro, ajustando-o à vontade perfeita de Deus. Esse processo é chamado de santificação. Quando sua alma é renovada com a Palavra de Deus, você pensa pensamentos dEle e não seus próprios pensamentos. Submeta-se ao Espírito Santo e permita que Ele mude cada pensamento e cada motivação em sua vida.

19 DE FEVEREIRO

Resista à rejeição

Se Deus é por nós, quem será contra nós? [Quem pode ser vosso inimigo, se Deus está do vosso lado?].

ROMANOS 8.31

Você sente como se o mundo estivesse contra você. Parece que, não importa quanto você se esforce, ninguém se agradado você faz? Talvez você tenha algum conflito com algum membro da família. Talvez seu chefe encontre falhas em seu trabalho.

Cedo ou tarde você experimentará alguma forma de rejeição. Nem todos gostarão de você. Alguns podem até mesmo agressivamente antipatizar com você. Ninguém gosta de ser rejeitado, mas você pode aprender a lidar com a rejeição e prosseguir com sua vida, se você se lembrar de que Jesus também foi rejeitado e desprezado. Se você se sente rejeitado, entregue sua ferida a Deus:

Senhor, eu não consigo agradar a todos o tempo todo. Eu me concentrarei em agradar a Ti e não aos homens. O resto deixarei em Tuas mãos, Senhor. Concede-me favor diante de Ti e diante dos homens e continua a me transformar à imagem de teu Filho. Obrigado, Senhor.

20 DE FEVEREIRO

Faça sua parte

E foram ter com João e lhe disseram: Mestre, aquele que estava contigo além do Jordão... está batizando, e todos lhe saem ao encontro.

JOÃO 3.26

João Batista veio preparar o caminho do Senhor. Esse era o seu propósito na Terra, e ele sabia disso. Mas os discípulos de João tentaram levá-lo a invejar o ministério de Jesus! João respondeu: "O homem não pode receber coisa alguma se do céu não lhe for dada". (João 3.27.)

Você tem um papel específico no corpo de Cristo. Não há motivo para invejar os dons espirituais e o ministério de outra pessoa. Deus é a única fonte dos dons, e Seu plano é perfeito para cada um de nós. Se seu dom é contribuir, então contribua com zelo. Se seu dom é ajudar, ajude alguém! Em vez de preocupar-se com o que os outros estão fazendo, descubra o que Deus quer fazer por intermédio de você e faça-o!

21 DE FEVEREIRO

Uma atitude de gratidão

Alegrai-vos [deleitai-vos, satisfazei-vos] sempre no Senhor; outra vez digo: alegrai-vos. Seja a vossa moderação (ponderação e espírito paciente) conhecida (reconhecida e percebida) de todos os homens... Não (vos aflijais nem) andeis ansiosos de coisa alguma; em tudo, porém, sejam conhecidas (continuamente), diante de Deus, as vossas petições (pedidos definidos), pela oração e pela súplica, com ações de graças.

FILIPENSES 4.4-6

Todos nós precisamos desenvolver uma "atitude de gratidão". Isso não significa viver fingindo que não existe nada errado. Simplesmente quer dizer que podemos ter como alvo em nossa vida sermos positivos tanto quanto possível. Um ponto de vista positivo abre portas para Deus operar.

Vá para a cama esta noite ponderando em tudo o que você tem para agradecer. Faça o mesmo logo ao acordar. Agradeça a Deus por tudo: por

Terminado bem seu dia

ter encontrado um lugar conveniente para estacionar; o fato de você poder andar, ver, ouvir; pela vida de seus filhos. Não fique desanimado consigo mesmo quando você falhar nisso e não desista. Mantenha-se firme até que você desenvolva esse novo hábito.

22 DE FEVEREIRO

Fortaleça-se no Senhor

Davi muito se angustiou, pois o povo falava de apedrejá-lo, porque todos estavam em amargura, cada um por causa de seus filhos e de suas filhas; porém Davi se reanimou (se fortaleceu e se encorajou) no Senhor, seu Deus.

1 SAMUEL 30.6

Quando Davi se encontrou numa situação aparentemente sem esperança, sem ninguém para ajudá-lo, ele encorajou-se e fortaleceu-se no Senhor. Algum tempo depois, essa situação foi totalmente revertida. (Veja 1 Samuel 30.1-20.)

Se você não acreditar em si mesmo, quem o fará? Deus acredita em você, e essa é uma boa coisa para você fazer; ou, de outra forma, nunca fará qualquer progresso. Você nem sempre pode esperar que alguém mais venha e o encoraje a ser tudo o que você pode ser. A confiança é algo que você decide ter. Você aprende sobre Deus, sobre Seu amor, Seus caminhos e Sua Palavra, e então, finalmente, você deve decidir se crerá nisso ou não. Você não irá adiante, a menos que você decida crer em Deus e em si mesmo.

23 DE FEVEREIRO

Possua a Terra

O Senhor, nosso Deus, nos falou em Horebe, dizendo: Tempo bastante haveis estado neste monte... Eis aqui a terra que eu pus diante de vós; entrai e possuí a terra que o Senhor, com juramento, deu a vossos pais, Abraão, Isaque e Jacó, a eles e à sua descendência depois deles.

DEUTERONÔMIO 1.6, 8

Em Deuteronômio 1.2, Moisés declarou aos israelitas que a jornada até a fronteira de Canaã (a terra prometida) deveria durar apenas onze dias, contudo levou quarenta anos até que eles chegassem ali. Quarenta anos é tempo demais para rodear qualquer montanha! Não devemos julgar os israelitas duramente, porque fazemos a mesma coisa que eles fizeram. Nós nos mantemos cercando a mesma montanha, em vez de fazer progresso. O resultado é que levamos anos para experimentar a vitória sobre algo que poderia ter sido lidado rapidamente.

Você já passou quarenta anos tentando fazer uma viagem de onze dias? Deixe a velha escravidão para trás e determine-se a não desistir até que você tenha tomado posse da sua herança prometida.

24 DE FEVEREIRO

Paz inabalável

E a paz de Deus [será sua; esse tranquilo estado de uma alma assegurada de sua salvação por intermédio de Cristo, e que não teme nada; paz vinda de Deus. Estando satisfeito com sua porção terrena, de qualquer tipo que seja; esta paz], que excede todo o entendimento, guardará o vosso coração e a vossa mente em Cristo Jesus.

FILIPENSES 4.7

Mesmo em tempos de confusão e medo, Deus quer que você seja levado a uma vida abundante. Paz, alegria e outras bênçãos que são fruto do Espírito estão disponíveis a você o tempo todo. Quando você trabalha para desenvolver o fruto nos tempos bons, terá uma reserva para os tempos difíceis. O cristão maduro sabe como obter a paz que somente pode vir pelo Príncipe da Paz que vive dentro dele.

Como Filho de Deus, você precisa saber como permanecer firme e estável, não importa quais sejam as circunstâncias. Permita que a paz de Deus guarde sua mente e seu coração, e assim você estará preparado para lidar com tempos de crise quando vierem.

Terminado bem seu dia

25 DE FEVEREIRO

Nenhuma lamentação

Porque a tristeza (e a dor) segundo Deus (é permitida para dirigir e trazer) produz arrependimento (que leva e contribui) para a salvação (e libertação do mal), que a ninguém traz pesar; mas a tristeza do mundo (o sofrimento sem esperança que é uma característica do mundo sem temor de Deus) produz (gera) morte.

2 CORÍNTIOS 7.10

A lamentação está arruinando a vida de inúmeras pessoas, roubando-lhes a alegria. Certamente você tem coisas que desejaria ter feito de forma diferente, mas não faz sentido tornar-se oprimido ao lamentar-se sobre algo que você não tem poder para mudar. Você precisa compreender que esta é a forma como Satanás trabalha.

Deus quer alertá-lo para que você mude seu pensamento antes que cometa algum erro. Satanás espera até que seja muito tarde, quando você não pode fazer mais nada a respeito de algo, e então tenta lançar pesar e condenação sobre você.

Não permita que Satanás continue roubando sua vida. Peça perdão a Deus, se ainda não o fez, e deixe suas lamentações no passado.

26 DE FEVEREIRO

As palavras certas

Abrão já não será o teu nome, e sim Abraão (pai exaltado); porque por pai de numerosas nações te constituí... Disse também Deus a Abraão (pai de multidões): A Sarai, tua mulher, já não lhe chamarás Sarai, porém Sara (princesa). Abençoá-la-ei e dela te darei um filho; sim, eu a abençoarei, e ela se tornará nações; reis de povos procederão dela.

GÊNESIS 17.5, 15-16

Deus deu a Abraão e a Sara novos nomes que carregavam um significado importante. Cada vez que o nome deles era mencionado, o futuro era profetizado: Abraão seria pai de multidões e sua princesa, Sara, a mãe de nações e reis.

Veja que as coisas certas foram faladas sobre Abraão e Sara. Palavras proclamadas no reino natural alcançaram o reino espiritual onde seu milagre estava. Aquelas palavras estavam em concordância com a Palavra de Deus e trouxeram à existência o milagre que Deus prometera.

Palavras são contêineres de poder. Observe cuidadosamente suas palavras e viva com alegria abundante!

27 DE FEVEREIRO

Provas e tribulações

Não vos sobreveio tentação (nenhuma provação relacionada à sedução do pecado) [não importa de onde venha ou para onde leve] que não fosse humana [ou seja, nenhuma tentação ou provação tem vindo a você que esteja além da resistência humana e que não seja ajustada, adaptada e pertencente à experiência humana e tal que um homem possa suportar]; mas Deus é fiel [à sua Palavra e a sua natureza compassiva, e confiável] e não permitirá que sejais tentados (atribulados e provados) além das vossas forças (habilidade e capacidade de resistência e poder para enfrentar); pelo contrário, juntamente com a tentação, [sempre] vos proverá livramento (o meio de escape para um lugar espaçoso), de sorte que a possais suportar (você seja capaz, forte e poderoso para suportar pacientemente).

1 CORÍNTIOS 10.13

Tempos difíceis podem trazer a tentação de desistir e tornar-se negativo, deprimido e irado com Deus. A vida pode ser difícil, mas Deus sempre intervirá, e Sua ajuda sempre chegará a tempo. Esta noite, proponha em seu coração prosseguir e descansar na presença de Deus. Deus prometeu que irá libertar você antes que seja tarde demais!

28 DE FEVEREIRO

Espere em Deus

Por que estás abatida, ó minha alma? Por que te perturbas (e te inquietas) dentro de mim? Espera em Deus (aguarda com expectativa nele), pois ainda o louvarei, a ele, meu auxílio e Deus meu.

SALMOS 42.5

O desencorajamento destrói a esperança; assim, é óbvio que o diabo sempre tentará desencorajá-lo. Sem esperança você desiste, e é isso que Satanás deseja. A Bíblia, repetidamente, diz que você não deve se desanimar nem se assustar. Deus sabe que você não alcançará a vitória se permanecer desanimado, e Ele quer que você seja encorajado.

Quando o desencorajamento e a condenação tentarem vir sobre você, peça a Deus força e coragem. Amanhã é um novo dia. Deus o ama e a misericórdia dEle é nova a cada manhã. Diga: "Eu me recuso a permanecer desanimado. Pai, a Bíblia diz que o Senhor me ama. O Senhor enviou Jesus para morrer por mim. Eu estarei bem. Amanhã terei um grande dia"! Espere em Deus!

29 DE FEVEREIRO

Um sábado espiritual

Esforcemo-nos (e sejamos zelosos), pois, por entrar naquele descanso (de Deus, conhecendo-o e experimentando-o por nós mesmos), a fim de que ninguém caia, segundo o mesmo exemplo de desobediência (e incredulidade daqueles que caíram no deserto).

HEBREUS 4.11

Se você ler todo o capítulo 4 do livro de Hebreus, descobrirá que esse texto está falando sobre o descanso sabático que está disponível para o povo de Deus. Sob a Antiga Aliança, o sábado era observado como um dia de descanso. Sob a Nova Aliança, esse descanso sabático fala de um lugar de descanso espiritual. É privilégio de cada crente recusar a preocupar-se e ter ansiedade. Como cristão, você pode entrar no descanso de Deus.

A única forma para entrar nesse descanso é crendo. A incredulidade e a desobediência o farão perder esse privilégio. A incredulidade o manterá no deserto, mas Jesus proveu um lugar permanente de descanso que somente pode ser habitado ao vivermos pela fé.

1º DE MARÇO

Comece onde você está

Não digas ao teu próximo: Vai e volta amanhã; então, to darei.

PROVÉRBIOS 3.28

Quando Deus lhe diz para ajudar alguém, é fácil protelar. Você pretende obedecer a Deus, mas simplesmente resolve que irá fazê-lo mais tarde, quando tiver mais dinheiro, quando não estiver tão ocupado, quando o Natal chegar, quando as crianças saírem da escola ou quando as férias terminarem.

Não há como orar a Deus pedindo-Lhe mais recursos para que você seja uma bênção para os outros, se você não se dispõe a ser uma bênção com aquilo que já tem. Satanás tentará lhe dizer que você não tem nada para dar, mas não acredite nele.

Mesmo se for somente uma pequena soma de dinheiro, um pacote de balas ou uma caneta, comece usando o que você tem. Quando você começar a dar o que tem, Deus lhe trará aumento e você será capaz de dar em proporção bem maior.

2 DE MARÇO

Abençoe e seja abençoado por amar

Entretanto, procurai, com zelo (e intensamente), os melhores dons (os mais altos dons e as mais selecionadas graças). E eu passo a mostrar-vos ainda um caminho sobremodo excelente (aquele que é, sem dúvida, o melhor de todos: o amor).
1 CORÍNTIOS 12.31

O amor deve ser o item número 1 em sua lista de prioridades espirituais. Você deve aprender sobre o amor, orar sobre o amor e desenvolver amor ao amar os outros.

Deus é amor, e assim, quando você caminha em seu amor, você permanece nEle, e Ele se faz presente. Porque nós caminhamos no amor de Deus somente ao receber e expressar esse amor, não devemos enganar a nós mesmos pensando que podemos amar a Deus enquanto odiamos as outras pessoas. (Veja 1 João 4.20.)

Buscamos muitas coisas no curso de nossa vida, esperando que se cumpram, mas a maioria delas nos desaponta. Quando decidimos caminhar em amor, descobrimos que isso não somente abençoa os outros, mas também abençoa nossa própria vida.

3 DE MARÇO

Acalme-se e use seus dons

Deixo-vos a paz, a minha (própria) paz, vos dou (deixo).
João 14.27

Você sabe que existe a forma certa e a forma errada de lidar com os tempos de aflição? Eu não sabia disso até que me tornei uma cristã e comecei a aprender que o poder e a paz de Deus estão disponíveis para mim. Como cristão, você tem a paz de Deus. Ele a disponibilizou para você como sua herança. Além disso, Lucas 10.19 diz que Deus nos deu seu poder. Paz e poder, que dons maravilhosos... e Deus os deu a você por uma razão: Ele quer que você os utilize.

Se você não tem colocado esses dons para funcionar em sua vida, está prejudicando a si mesmo. Assim, tome uma decisão de começar a usá-los imediatamente. Não desperdice seu tempo reclamando, queixando-se ou tendo um ataque de nervos quando os problemas chegam. Em vez disso, acalme-se e pense sobre a paz e poder que Deus que lhe deu e, então, faça-os funcionar!

4 DE MARÇO

Escolha a vida

Os céus e a terra tomo, hoje, por testemunhas contra ti, que te propus a vida e a morte, a bênção e a maldição; escolhe, pois, a vida, para que vivas, tu e a tua descendência.
Deuteronômio 30.19

A alegria e felicidade não vêm das coisas exteriores, mas são encontradas dentro de você. Elas são resultado de uma decisão consciente, de uma escolha deliberada que você faz cada dia.

Há muitas pessoas que vivem situações ruins que gostariam de ver transformadas. Mas, a despeito dos desafios, elas escolheram ser felizes e alegres. Você enfrenta esse mesmo tipo de coisa todo dia em sua vida.

Ou você escolhe passivamente ouvir o que o diabo diz e permitir que ele arruíne sua vida e o torne miserável, ou escolhe agressivamente resistir a ele para que viva na plenitude da vida que Deus lhe proveu por intermédio de seu Filho Jesus Cristo.

Faça a escolha certa e desfrute a vida como nunca antes!

5 DE MARÇO

Faça do amor um hábito

Consideremo-nos (cuidemos e atentemos continuamente) também uns aos outros, (estudando formas) para nos estimularmos ao amor e às boas obras.

HEBREUS 10.24

Se você pretende fazer do amor um hábito, deve desenvolver o hábito de amar as pessoas com suas palavras. Sua natureza carnal (terrena e sensual) aponta os erros, falhas e fraquezas. Ela se alimenta das coisas negativas da vida. Ela vê e exalta tudo o que está errado com as pessoas e com as coisas. Mas a Bíblia diz que você deve vencer o mal com o bem. (Veja Romanos 12.21.)

Caminhar no Espírito continuamente, seguindo a direção, a orientação e a operação do Espírito Santo em seu próprio espírito, em vez de ser dirigido por suas emoções requer que você seja positivo.

É fácil encontrar algo errado com alguém. Mas o amor não expõe as falhas, e, sim, as cobre. Peça a Deus que o ajude a compartilhar o amor dEle com os outros.

6 DE MARÇO

Seja um crente, não um executor

Sois assim insensatos (tolos, ignorantes) que, tendo começado no Espírito (sua nova vida espiritualmente), estejais, agora, vos aperfeiçoando (pela dependência da) na carne?

GÁLATAS 3.3

Tentar fazer as coisas acontecerem com suas próprias forças sem a ajuda de Deus é tolice e, frequentemente, causa um sentimento de frustração e condenação. Não faz qualquer sentido você tentar fazer o que somente Deus pode fazer.

Deus quer que você perceba que é impossível mudar a si mesmo; somente Ele pode fazê-lo pelo maravilhoso poder da Sua graça, o qual é um dom gratuito para todos que O receberem.

Se você tem tentado lutar para conseguir bons resultados por si mesmo, é tempo de mudar. Deus quer que você lute menos e creia mais. Aceite o

Terminado bem seu dia

dom gratuito da graça de Deus e permita que Ele transforme sua vida atribulada na vida pacífica e abundante que Ele planejou para você.

7 de Março

Seja guiado pela paz

Seja a paz (a harmonia da alma que vem) de Cristo o árbitro (continuamente) em vosso coração (decidindo e resolvendo todas as questões que surgem em sua mente).

COLOSSENSES 3.15

O árbitro de um jogo decide se alguém pode permanecer jogando ou não. A paz de seu coração deve ser o árbitro que decide se algo deve ser mantido em sua vida ou lançado fora.

As pessoas não desfrutam a paz porque estão fora da vontade de Deus. Elas seguem seu próprio desejo em vez de seguir a vontade de Deus para a vida delas. Elas fazem o que gostam e pensam estar certo, em vez de obedecer à Palavra de Deus e serem dirigidas pela paz.

Tenho aprendido que algo pode até soar como uma coisa boa, parecer bom e até mesmo ser algo bom, mas, se eu não tiver paz a respeito disso, preciso deixá-lo de lado.

Se você quer ser sensível à direção de Deus, aprenda a seguir a paz!

8 de Março

Experimente a alegria como um calmo deleite

Tenho-vos dito estas coisas para que o meu gozo (e alegria) esteja em vós, e o vosso gozo (e satisfação) seja completo (e transbordante).

João 15.11

Você é como alguns crentes que pensam que para ser cheios de alegria do Senhor precisam estar gargalhando, exaltados, excessivamente agitados?

Deus quer que sua alegria seja plena e abundante, mas isso não significa que você tenha de balançar sobre os lustres!

Alguns definem *alegria* como "uma explosão de risos", e há uma base para essa definição, mas, de acordo com a *Strong's Concordance*, a palavra grega *chara*, traduzida por *alegria* no versículo acima, significa "calmo deleite".

Meu marido Dave define *calmo deleite* como um riacho borbulhante que segue adiante de forma silenciosa e pacífica, mas trazendo um refrigério a tudo e a todos pelo seu caminho. Isso não parece atraente?

Certamente haverá momentos em que sua alegria será maior e empolgante, mas na maior parte do tempo você viverá com um simples e "calmo deleite".

9 DE MARÇO

Recuse-se a ficar confuso

Porque Deus não é de confusão, e sim de paz. Como em todas as igrejas dos santos.
1 CORÍNTIOS 14.33

Você está confuso? Há algo acontecendo em sua vida agora mesmo que você não compreende? Talvez você esteja perturbado com as coisas que aconteceram em seu passado.

Muitas pessoas hoje sofrem tremendamente com a confusão, mas esse nunca foi o plano de Deus. Ele não causa sua confusão, Ele quer acabar com isso.

Deus não quer que você tente entender todas as coisas que acontecem em sua vida. Ele sabe o que está acontecendo, porque está acontecendo, e Ele está no controle.

Isso significa que você não tem de se preocupar e viver em confusão. Parece soar muito fácil, mas você pode ser totalmente liberto do tormento da confusão apenas ao recusar-se à tentação de tentar compreender todas as coisas.

Assim, confie em Deus para cuidar de tudo o que diz respeito a você e desfrute uma vida tranquila.

10 DE MARÇO

Alegre-se hoje

Este é o dia que o Senhor fez; regozijemo-nos e alegremo-nos nele.
SALMOS 118.24

Certa vez, o Senhor me disse que a ansiedade surge quando tentamos lidar mental e emocionalmente com as coisas que ainda não estão acontecendo ou que já passaram, deixando mentalmente de viver o dia de hoje e entrando numa área do passado ou do futuro.

Desde então, tenho tentado aprender a desfrutar minha vida. Tento viver um dia de cada vez e não me preocupar sobre o passado ou o futuro. Precisamos ser responsáveis, mas também precisamos relaxar e lidar com as coisas quando elas ocorrerem sem ficarmos nervosos ou perturbados.

Aprenda a desfrutar a boa vida que Deus proveu para você. A despeito de todas as tribulações que ocorrem no mundo, faça esta confissão diária: "Esse é o dia que o Senhor fez e eu me alegrarei e me regozijarei nele".

11 DE MARÇO

Não lamente, alegre-se!

Alegrai-vos sempre no Senhor; outra vez digo: alegrai-vos... Não andeis ansiosos de coisa alguma; em tudo, porém, sejam conhecidas, diante de Deus, as vossas petições, pela oração e pela súplica, com ações de graças.

FILIPENSES 4.4,6

Duas vezes nessa passagem o apóstolo Paulo diz para nos alegrarmos. Ele roga que não nos lamentemos ou fiquemos ansiosos com coisa alguma, mas que oremos e agradeçamos a Deus *em tudo*, não depois que *tudo* tiver terminado.

Se você esperar até que tudo esteja perfeito antes de se alegrar e agradecer, não terá muita alegria. Aprender a desfrutar a vida mesmo em meio às circunstâncias difíceis é uma forma de desenvolver a maturidade espiritual.

Viva na plenitude da alegria do Senhor ao descobrir algo pelo que agradecer em meio às suas circunstâncias atuais. Você deve aprender a buscar sua alegria e felicidade no Senhor que vive dentro de você.

Decida que você não se afligirá ou terá ansiedade sobre nada, mas dará graças e louvores a Deus, alegrando-se sempre nEle.

12 DE MARÇO

Aceite a grande graça de Deus

Mas onde abundou o pecado, superabundou (sobrepujou de forma maior e mais abundante) a graça (o imerecido favor de Deus).

ROMANOS 5.20

Deus vence o mal com o bem ao derramar sua ilimitada graça sobre você, para que, se você pecar, a graça dEle se torne maior do que seu pecado. O amor de Deus é o poder que perdoa seus pecados, cura suas feridas emocionais e sara seu coração ferido.

Uma vez que você percebe que é amado por Deus, não por algo que você seja ou faça, você pode parar de tentar merecer o amor de Deus e, simplesmente, recebê-lo e desfrutá-lo.

Comece confessando em voz alta, várias vezes por dia, que Deus o ama. Diga isso e sinta-se confortável com esse pensamento. Abrigue-se no amor de Deus e deixe que isso sature sua alma. Uma vez que seu coração é cheio do conhecimento do amor de Deus, você pode começar a amá-Lo também: nós O amamos porque Ele nos amou primeiro.

13 DE MARÇO

Desfrute sua herança

Nele, digo, no qual fomos também feitos herança, predestinados segundo o propósito daquele que faz todas as coisas conforme o conselho da sua vontade, a fim de sermos para louvor da sua glória, nós, os que de antemão esperamos em Cristo [que a princípio colocamos nossa confiança nele e fomos designados para viver para o louvor de sua glória]
EFÉSIOS 1.11-12

Como cristão, você deve desfrutar sua herança espiritual. A vida apresenta muitos desafios, mas você deve reconhecer aquilo que é seu direito por intermédio da sua fé em Cristo.

Você não tem de viver oscilando, sentindo-se bem num dia e deprimido no outro. Em vez disso, você pode viver como Cristo viveu nesta terra, com um sentimento de paz e segurança que vem ao saber *quem* você é e *a quem* você pertence.

Até que você tome a decisão de reivindicar sua herança e desfrutá-la, o inimigo continuará a roubar o que Jesus morreu para lhe dar: a justiça, a paz e a alegria que prevalecem mesmo em meio ao tumulto e à confusão.

Assim, acalme-se, anime-se e aprenda a desfrutar a herança que é sua por intermédio de Cristo.

14 de Março

Simplifique sua vida

> Na tua longa viagem te cansas (tentando encontrar descanso e satisfação em alianças que não são com o verdadeiro Deus), mas não dizes: É em vão (isso é inútil, sem proveito).
> ISAÍAS 57.10

Parece haver uma grande falta de simplicidade na sociedade de hoje, mesmo entre os cristãos. De alguma forma, a vida fica tão complicada que isso rouba sua energia e produz frustração e fadiga.

Uma tradução da primeira frase desse versículo de Isaías é: "Vocês se cansaram por causa da multiplicidade de seus caminhos". A solução para o problema da multiplicidade é encontrar a simplicidade.

Em nossa sociedade moderna, pensamos que "ter mais é sempre melhor". Mas o escritor de Eclesiastes alerta que quanto mais coisas você tiver, mais complicada sua vida se tornará. (Veja Eclesiastes 5.11-12.)

Em vez de tornar tudo mais difícil, por que você não decide simplificar sua vida e desfrutar o descanso e a satisfação que vêm ao seguir o plano de Deus?

15 de Março

Tenha uma atitude de fé

> Ora, a fé é a certeza de coisas que se esperam, a convicção (prova) de fatos que se não veem.
> HEBREUS 11.1

A fé pode ser descrita de muitas formas, mas uma maneira muito simples de observar a fé e até mesmo examinar se você tem operado em fé é perceber que "a fé gera uma atitude".

Hebreus 4 diz que aqueles que creram em Deus, que tiveram uma atitude de fé, entraram no descanso e livraram-se da fadiga e do sofrimento dos esforços humanos.

A pessoa com uma atitude de fé não se preocupa nem se atormenta ou fica ansiosa com relação ao amanhã, porque a pessoa de fé compreende que onde ela precisar ir, mesmo desconhecendo o futuro, Jesus já passou por ali.

Lembre-se: Jesus é o Alfa e o Ômega. Não somente Ele é o Começo e o Fim, mas também é Tudo em meio a isso.

Assim, tenha uma atitude de fé quando você orar nesta noite, colocando sua confiança completamente nAquele que era, que é e que há de vir.

16 DE MARÇO

Transformando cinzas em beleza

Lançando sobre ele toda a vossa ansiedade, porque ele tem cuidado de vós.
1 PEDRO 5.7

Você sabe que Deus quer cuidar de você? Isso é verdade. Deus quer que você Lhe entregue seus cuidados, seus problemas, suas falhas, suas "cinzas", e Ele transformará tudo isso em beleza.

Muitas pessoas querem que Deus cuide delas, mas continuam preocupando-se ou tentando obter as respostas para seus problemas, em vez de esperar pela direção de Deus. Elas continuam a mergulhar em suas cinzas e esperar que Deus lhes traga beleza mesmo assim. Mas não funciona dessa forma. Deus somente pode nos dar beleza quando lhe entregarmos as cinzas.

É um grande privilégio ser cuidado pelo Rei dos reis, portanto, entregue a Ele suas preocupações e cuidados, e desfrute a proteção, a estabilidade e a plenitude da alegria que vêm de Deus.

17 DE MARÇO

Você é digno de ser amado?

Mas Deus (mostra e claramente) prova o seu próprio amor para conosco pelo fato de ter Cristo (o Messias, o ungido) morrido por nós, sendo nós ainda pecadores.
ROMANOS 5.8

Quando você lê o título desta página, "Você é digno de ser amado?", pode imediatamente pensar: "Não, não sou"!

Provavelmente eu teria respondido da mesma forma antes que viesse a compreender a verdadeira natureza do amor de Deus e a razão de Ele nos amar.

Como Deus pode amá-lo tão imperfeito como você é? Ele o ama porque Ele quer. Isso Lhe agrada. Deus ama você porque essa é a natureza dEle – Deus é amor (veja 1 João 4.8). Se fosse de outra forma, Ele não seria Quem é.

Deus nem sempre ama tudo o que você faz, mas Ele ama você. Seu amor é incondicional, é baseado nEle mesmo, e não em você.

18 DE MARÇO

Viva de acordo com o plano de Deus

Assim diz o Senhor: Maldito (com grande mal) o homem que confia no (depende do) homem, faz da carne mortal (e frágil) o seu braço e aparta o seu coração e (mente) do Senhor!
JEREMIAS 17.5

A Bíblia fala do braço da carne e do braço do Senhor. O primeiro é baseado nas ideias e esforços humanos; o outro, no plano e no poder de Deus.

É uma tarefa difícil levar adiante os planos e esquemas que você mesmo cria, porque você está operando na carne. Mas quando Deus começa algo, Ele o leva à conclusão sem qualquer esforço da nossa parte.

Se você enfrenta lutas, pode ser porque está tentando tomar a situação em suas próprias mãos, em vez de ser paciente e esperar que o Senhor opere as coisas de acordo com sua vontade perfeita.

Assim, pare de lutar e de usar o braço da carne e aprenda a viver vitoriosamente de acordo com o plano e o propósito divinos de Deus para sua vida.

19 DE MARÇO

Seja bem-sucedido em ser você mesmo

O Espírito... nos assiste em nossa fraqueza...
ROMANOS 8.26

Você está cansado de desempenhar papéis, usar máscaras e tentar ser outra pessoa? Não gostaria de ter a liberdade de ser aceito como é, sem pressão para ser alguém que realmente não sabe ser? Você gostaria de aprender como ser bem-sucedido em ser você mesmo?

Deus quer que você aceite a si mesmo, goste de quem é e aprenda a lidar com suas fraquezas. Todos têm fraquezas, mas Deus não quer que você se rejeite por causa delas.

Se você baseia seu valor em suas fraquezas, subestimará seu valor. Sua dignidade não é baseada em nada do que você faça, mas naquilo que Jesus já fez.

Assim, se o diabo está tentando convencê-lo de que você não está à altura, lembre-O nesta noite de que todos são imperfeitos e que Deus o ama exatamente como você é.

20 DE MARÇO

Dê o que você tem

Amados, se Deus de tal maneira (tanto) nos amou, devemos nós também amar uns aos outros.
1 JOÃO 4.11

É uma bênção ter o amor de Deus em sua vida, mas você não deve guardá-lo para si mesmo. Deus quer que você o distribua, ame os outros generosa e incondicionalmente como Ele ama você.

Todas as pessoas desejam ser amadas e aceitas. O amor de Deus é o mais maravilhoso dom que Ele poderia lhe dar, e você tem o privilégio de compartilhar esse amor ao permitir que ele flua por intermédio de você para a vida de outros.

Muitas pessoas tentam encontrar felicidade ao obter coisas, mas a verdadeira felicidade somente é encontrada em dar. Pense em si mesmo como um despenseiro de bênçãos. Seja o tipo de pessoa que as outras vêm procurar para obter amor e bênçãos. Você descobrirá que você colherá felicidade e amor em sua própria vida à medida que der amor.

Não é reconfortante você saber que é amado? Agora, compartilhe esse amor com mais alguém.

21 DE MARÇO

Poucas coisas significam muito

Pois quem despreza o dia dos humildes começos...
ZACARIAS 4.10

Coisas pequenas são frequentemente vistas como insignificantes, mas na realidade são muito importantes. Elas são o tempero da vida.

É um erro sermos interessados somente no prato principal (coisas grandes), desprezando a necessidade de coisas pequenas (o tempero). O prato principal sem tempero será insosso, desagradável e insatisfatório.

Pais podem pensar que estão demonstrando amor por sua família ao trabalhar longas horas e trazer para casa o dinheiro suficiente para garantir a segurança financeira. Mas, se trabalhar longas horas e trazer muito dinheiro (o que parece algo ser grande) significar que tenham pouco tempo em casa para as "pequenas coisas", como rir e conversar com sua família e fazer coisas divertidas juntos, o casamento e o relacionamento familiar podem se tornar desgastados e sem alegria.

Assim, se você está menosprezando a importância das pequenas coisas em seu dia a dia, é tempo de acrescentar algum tempero à sua vida. Por que não começar nesta noite?

22 DE MARÇO

Libertação do abismo

Esperei confiantemente (e com expectativa) pelo Senhor; ele se inclinou para mim e me ouviu quando clamei por socorro. Tirou-me de um poço de perdição... colocou-me os pés sobre uma rocha...
SALMOS 40.1-2

Quando a Bíblia fala de "abismo", sempre penso num poço de depressão.

Davi falou de sentir-se como se estivesse num abismo, clamando para Deus resgatá-lo e colocar seus pés numa base sólida.

Ninguém quer estar num poço de depressão. Satanás tira vantagem de sua situação ao relembrá-lo de suas situações dolorosas.

Quando você está deprimido, o alvo do diabo é torná-lo tão miserável e sem esperança que você nunca se levantará para se opor a ele ou cumprir o chamado de Deus em sua vida.

Se você está lutando num poço que o impede de ser tudo o que Deus quer que você seja, clame ao Senhor e permita que Ele o resgate e o liberte. Deus tem algo grande planejado para você, portanto, não permita que Satanás o roube usando a depressão.

23 DE MARÇO

Elimine o negativo

Para que a comunicação da tua fé seja eficaz, no conhecimento de todo o bem que em vós há, por Cristo Jesus.

FILEMOM 1.6 (ARC)

A comunicação de sua fé é efetiva pelo reconhecimento de cada coisa boa que está em você por intermédio de Cristo Jesus, e não por reconhecer cada coisa que ainda está errada em sua vida.

O diabo quer que você passe cada momento de sua vida reconhecendo em sua mente e declarando com seus lábios quão terrível você é.

Ele continuamente tenta desviar o seu foco daquilo que você é em Cristo para suas falhas. Ele quer enganá-lo, fazendo-o crer que, por causa de seus erros, você não tem valor.

Mas você pode crescer em sua autoaceitação e melhorar sua opinião de si mesmo ao decidir imediatamente não agasalhar mais nenhum pensamento negativo nem permitir qualquer palavra negativa sobre si mesmo saindo de sua boca.

Comece a reconhecer as boas coisas que estão em você por causa de Cristo.

24 DE MARÇO

Existe uma saída

Em tudo somos atribulados (pressionados, atormentados e oprimidos de todas as formas), porém não angustiados (esmagados e subjugados), perplexos (sofremos embaraços, e ficamos incapazes de encontrar uma saída), porém não desanimados.

2 CORÍNTIOS 4.8

O desespero é uma condição na qual uma pessoa se sente vencida por tal senso de impotência ou derrota que nem sabe o que fazer. Em tal situação, parece que não há saída. Mas para os crentes sempre há uma saída em cada situação porque Jesus nos disse: "Eu sou o caminho". (João 14.6.)

Terminado bem seu dia

É muito reconfortante saber que, embora haja momentos em que você seja pressionado de todos os lados e fique perplexo porque parece não haver caminho de escape, o Senhor prometeu que não o abandonará.

Assim, quando parecer que você está caminhando para um final infeliz, não seja guiado pelo desespero. Deus lhe mostrará o caminho que você deve seguir e o levará através desse caminho à vitória.

25 DE MARÇO

Deixe o Construtor completar a obra

Pois (certamente) toda casa é estabelecida (e provida) por alguém, mas aquele que estabeleceu (e proveu) todas as coisas é Deus.
HEBREUS 3.4

Deus é o Construtor, aquele que o edifica e equipa para a obra do Senhor Jesus Cristo. A Bíblia diz que Deus começou uma boa obra em você e que Ele a terminará! Isso significa que você deve deixar que Ele realize a obra em sua vida.

Há coisas que somente Deus pode fazer, e sua parte é deixá-lo fazer. Você tem de assumir sua responsabilidade, mas lançar seus cuidados ao Senhor.

Confesse seus pecados e falhas ao Senhor, crendo que Ele lhe perdoará. Então confie nEle para o trabalho de aperfeiçoá-lo para a obra que Ele planejou para sua vida. Isso remove a pressão que está sobre você e o alivia da ansiedade de tentar aperfeiçoar a si mesmo.

26 DE MARÇO

Não tenha medo

No amor não existe medo; antes, o perfeito amor lança fora o medo. Ora, o medo produz tormento; logo, aquele que teme não é aperfeiçoado no amor.
1 JOÃO 4.18

Você já começou a caminhar em fé e apenas em pensar nisso, sentiu o medo surgir? Isso acontece a todos, mas é importante perceber que a fonte do medo é Satanás.

Satanás não quer que você faça o que Deus deseja ou que receba tudo o que Deus tem para você, por isso ele envia o medo para tentar atormentá-lo, para que você se sinta miserável e cheio de dúvidas. O medo é um espírito maligno que impede o progresso.

Mas você pode viver sem medo ao edificar sua fé naquilo que Deus disse em sua Palavra. Há grande poder em confessar a Palavra de Deus.

Assim, quando Satanás tentar atormentá-lo com o medo, confesse o que a Palavra diz, que o Senhor está com você e não o deixará nem o abandonará (Deuteronômio 31.6). Tome um passo de fé, mesmo se tiver de "fazê-lo com medo".

27 DE MARÇO

Faça-o, mesmo com medo

Ora, disse o Senhor a Abrão: Sai da tua terra, da tua parentela e da casa de teu pai e vai para a terra que te mostrarei;
GÊNESIS 12.1

Como você se sentiria se Deus lhe dissesse para deixar sua casa, sua família e tudo o que lhe é familiar e confortável, e partisse sem saber para onde ir?

Esse foi o desafio que Abraão enfrentou, e isso o amedrontou. Mas Deus manteve-se dizendo-lhe: "Não temas". Essa foi a mesma mensagem que Ele deu a Josué quando o chamou para liderar os filhos de Israel para a terra prometida.

Você pode querer esperar até que não tenha medo antes de fazer alguma coisa, mas, se for assim, você realizará muito pouco para Deus. Abraão e Josué tiveram de caminhar em fé e obediência para fazer o que Deus lhes mandou fazer, e eles o fizeram mesmo com medo. Eles tomaram "passos de fé", embora tivessem "sentimentos de medo".

Eis o que você deve fazer para realizar a obra que Deus quer que você realize, mas Ele estará com você dizendo: "Não tema".

28 DE MARÇO

Você não é deste mundo

Eles continuam no mundo... [mas] eles não são do mundo, como também eu não sou... peço... que os guardes (proteja-os) do mal.
JOÃO 17.11, 14-15

As pessoas do mundo estão sob tal pressão que são frequentemente rudes, apressadas, explosivas e frustradas. Elas experimentam estresse financeiro e conjugal e o estresse de criar filhos num mundo incerto e em transformação. Por causa do estresse mental do trabalho e do estresse físico, da sobrecarga, algumas pessoas parecem ser bombas-relógio prontas a explodir.

Como cristão, você não precisa sucumbir ao estresse que afeta as pessoas que não conhecem Jesus como seu Salvador. Você não tem de operar no sistema do mundo.

Deus proveu caminhos para você viver no mundo sem ser afetado por esse tipo de estresse. Jesus é o Príncipe da Paz, e seguir a liderança do Espírito Santo sempre o levará à paz e à alegria, e não à ansiedade e à frustração.

29 DE MARÇO

Recuse-se a perder

Eis que o Senhor, teu Deus, te colocou esta terra diante de ti. Sobe, possui-a, como te falou o Senhor, Deus de teus pais: Não temas e não te assustes.

DEUTERONÔMIO 1.21

Todos nós ficamos desapontados quando nossos planos falham, as esperanças não se materializam e os alvos não são atingidos. Quando isso permanece por um tempo, nos tornamos desencorajados, uma condição que pode nos levar à depressão se não lidarmos com ela adequadamente.

Quando você estiver desencorajado, deve tomar a decisão de adaptar-se e ajustar-se, assumir uma nova atitude, para simplesmente prosseguir a despeito de seus sentimentos. Eis quando você deve se lembrar que Aquele que é Maior reside dentro de você e decidir que não deixará o desânimo fazê-lo desistir de realizar seus sonhos e alvos.

Quando você se sente desanimado, algumas vezes é difícil ser positivo. Eis o momento em que você deve levantar-se acima do desencorajamento por intermédio dAquele que vive em você. Ele está sempre disponível para ajudá-lo a encontrar direção e esperança novas. Quando você estiver desencorajado, encoraje-se; quando estiver desapontado, recupere o alvo.

30 DE MARÇO

Você está sozinho esta noite?

Tornarei o seu pranto em júbilo e os consolarei; transformarei em regozijo sua tristeza.
JEREMIAS 31.13

Uma das maiores fontes do sofrimento é a solidão. Alguns dos que sofrem de solidão, que é uma forma de perda, são os tímidos; ou aqueles que se sentem mal compreendidos; ou as pessoas divorciadas ou solteiras, viúvas, idosas...

A solidão pode manifestar-se como uma dor interior, um vazio e uma carência de afeição. Seus efeitos colaterais incluem sentimentos de inutilidade, falta de propósito e de valor. Mas a solidão pode ser curada, não importa qual seja a causa.

Se você se sente solitário, deve perceber que pode confrontar esse sentimento no nome de Jesus Cristo.

Deus prometeu estar com você sempre e nunca deixá-lo ou abandoná-lo. Peça-Lhe que revele a preciosa presença dEle em sua vida. Peça-Lhe também aquilo que chamo de "conexões divinas": amigos certos, que serão os amigos verdadeiros que o próprio Deus escolherá para você.

Firme-se na promessa do Senhor de que Ele o confortará e o levará a alegrar-se. E, então, prepare-se para a alegria!

31 DE MARÇO

Disponha-se e renda-se a Deus

Se Deus é por nós, quem será contra nós? [Quem pode ser nosso inimigo, se Deus está do nosso lado?].
ROMANOS 8.31

Você não tem de depender dos seus esforços humanos para vencer a adversidade e a oposição para merecer favor e ganhar promoção. No momento em que Deus está pronto para mover-se em sua vida, Ele lhe dá favor e promoção, e nenhum demônio do inferno ou alguma pessoa da terra será capaz de impedi-lo.

Terminado bem seu dia

Não importa o que as pessoas pensem de você. Sua fraqueza ou sua incapacidade não fazem qualquer diferença para Deus. O critério de Deus para usar as pessoas não são os talentos, os dons e as habilidades que possuem. Ele está procurando pessoas que se disponham e se rendam a Ele. Deus procura disponibilidade, não habilidade.

Deixe Deus edificar você, sua reputação e sua carreira. Quando o tempo certo chegar, Ele o libertará da adversidade, e então você verá a realização dos seus sonhos.

1º DE ABRIL

Honrando a Deus em primeiro lugar

Quanto a vós outros, a unção que dele recebestes permanece em vós, e não tendes necessidade de que alguém vos ensine...
1 JOÃO 2.27

Esse versículo não está sugerindo que você não necessita que alguém lhe ensine a Palavra. Se fosse assim, Deus não designaria alguns como mestres no Corpo de Cristo. Mas o que o versículo está dizendo é que se você está em Cristo, há uma unção em seu interior que o guiará e direcionará sua vida.

Algumas vezes, você dá mais importância ao que as pessoas dizem do que ao que a Bíblia diz. Você pode ocasionalmente pedir a orientação de alguém, mas, se você ouvir a Deus e, ao mesmo tempo, começar a perguntar a todos que encontrar o que eles pensam, você estará honrando a opinião das pessoas acima da Palavra de Deus. Você precisa dizer: "Deus, não importa o que os outros digam, não importam quais sejam meus planos, se o Senhor diz algo a mim, irei honrá-Lo acima de qualquer outra coisa".

2 DE ABRIL

Busque a verdade

O semeador semeia a palavra. São estes os da beira do caminho, onde a palavra é semeada (em seus corações); e, enquanto a ouvem, logo vem Satanás (pela força) e tira a palavra (a mensagem) semeada neles.
MARCOS 4.14-15

Se você ouvir ou estudar a Palavra de Deus, o diabo imediatamente tentará roubá-la de você. Ele não quer que a Palavra crie raízes em seu coração e comece a produzir bons frutos em sua vida. Quando você aprende a verdade, o engano é descoberto e você é liberto. Satanás odeia e teme a Palavra. Ele fará tudo o que for possível para nos impedir de aprender a Palavra de Deus.

A razão pela qual Satanás trabalha tão arduamente para afastá-lo da Palavra é simples: ele sabe que a Palavra de Deus é uma arma poderosa contra ele. A Palavra assegura a derrota do diabo! Eis por que é imperativo que você aprenda a manejar a espada do Espírito. Ler, ouvir, crer, meditar e confessar a Palavra cancela o plano maligno de Satanás. Nesta noite, determine fazer da Palavra de Deus a prioridade em sua vida.

3 DE ABRIL

Pouco a pouco

Desejamos [intensa e fortemente], porém, (que) continue cada um de vós (percebendo e) mostrando, até ao fim, a mesma diligência (e sinceridade) para a plena certeza (e o desenvolvimento) da (sua) esperança.
HEBREUS 6.11

De certa forma, o crescimento espiritual pode ser comparado ao crescimento físico. Infelizmente, a maioria das pessoas não desfruta seus filhos enquanto eles estão crescendo. A cada estágio do crescimento, os pais desejam que seus filhos já estejam em outro estágio. Se a criança está engatinhando, eles gostariam que ela já estivesse andando, ou sem fraldas, ou na escola, ou casando-se, e assim por diante.

Em Deuteronômio 7.22, Moisés diz aos filhos de Israel que o Senhor expulsaria os inimigos deles pouco a pouco. Entre cada vitória de sua vida há um tempo de espera, mas é geralmente difícil esperar, porque você quer tudo imediatamente! Como cristão, você estará crescendo em toda sua vida e nunca deixará de progredir. Aprenda a desfrutar cada estágio da vida enquanto isso acontece, porque cada um deles tem alegrias específicas.

4 DE ABRIL

Sonhe grandes sonhos

Com a sabedoria (e habilidade temente a Deus) edifica-se a casa (a vida, o lar, a família), e com a inteligência (entendimento) ela se firma [num base boa e saudável]; pelo conhecimento se encherão as câmaras [em cada área] de toda sorte de bens, preciosos e deleitáveis.
PROVÉRBIOS 24.3-4

Você tem um sonho ou uma visão em seu coração por algo maior do que você experimenta agora? Efésios 3.20 diz que Deus é capaz de fazer infinitamente além e acima de tudo que podemos esperar, pedir ou pensar. Se você não está esperando, pedindo ou pensando, está prejudicando a si mesmo. Você precisa pensar grandes pensamentos, sonhar grandes sonhos e pedir grandes coisas.

Há uma mina de ouro de sonhos, de visões, de habilidades e de força oculta na vida de cada pessoa, mas você tem de cavar para encontrá-la. Você deve buscar profundamente e ir além do que sente que é conveniente. Se você cavar profundamente no Espírito, fará coisas maiores do que qualquer pessoa poderia imaginar.

5 DE ABRIL

Uma oração eficaz

E, orando, não useis de vãs repetições (muitas palavras, repetindo-as vez após vez), como os gentios; porque presumem que pelo seu muito falar serão ouvidos.
MATEUS 6.7

Frequentemente somos surpreendidos tentando fazer nossas próprias obras com relação à oração. Algumas vezes, tentamos orar muito, ou em voz alta, ou tentamos ser bastante eloquentes e perdemos de vista que a oração é uma simples conversa com Deus. A duração, o tom de voz e a eloquência de nossa oração não são importantes; é a sinceridade do nosso coração e nossa fé de que Deus nos ouvirá que fazem a diferença.

Devemos desenvolver uma forma simples e cheia de fé para orar. Precisamos confiar que, mesmo se dissermos apenas "Deus, me ajude!", Ele ouvirá e responderá. Temos de crer que Deus quer nos ajudar porque Ele é o nosso Ajudador (veja Hebreus 13.6). Podemos nos apoiar no fato de que Deus é fiel para fazer o que Lhe temos pedido, desde que a nossa oração esteja de acordo com a vontade dEle.

6 DE ABRIL

Vá até o fim

Desembaraçando-nos de (despojando-nos e deixando de lado) todo peso (desnecessário; ou dificuldades) e do pecado que tenazmente (hábil e astutamente) nos assedia (e embaraça), corramos, com perseverança (paciência, firmeza e persistência ativa), a carreira que nos está proposta (colocada diante de cada um de nós).
HEBREUS 12.1

Quando você começa sua jornada rumo à plenitude com Deus, geralmente sua vida está toda embaraçada. À medida que você permite que Deus aja, Ele começa a endireitar sua vida ao desatar um nó de cada vez. Você é tentado a fugir de seus problemas, mas Deus diz que você deve enfrentá-los.

A boa nova é que Jesus prometeu que você nunca terá de enfrentá-los sozinho. Ele sempre estará ali para ajudá-lo em cada situação. Ele disse: "Eu sou o caminho, siga-me". Quando você decide seguir a Jesus, logo descobre que Ele nunca recuou por causa do medo. O Senhor sempre segue em frente até a linha de chegada.

7 DE ABRIL

Tempos difíceis

Sabe, porém, isto: nos últimos dias, sobrevirão tempos difíceis [perigosos, de grande estresse e problemas, difíceis de lidar e de suportar], pois os homens serão egoístas (completamente egocêntricos), avarentos

Terminado bem seu dia

> *(amantes do dinheiro, incitados por um ávido desejo por riquezas), jactanciosos, arrogantes, blasfemadores (zombadores), desobedientes aos pais, ingratos, irreverentes (profanos).*
>
> 2 Timóteo 3.1-2

Exatamente como Paulo predisse muito tempo atrás, estes são tempos difíceis. Está surgindo uma nova geração de pessoas, que não recebe ensinamentos sobre Deus na escola, nem sobre oração em casa. Essa geração tem visto alguns tristes exemplos de líderes espirituais que caíram por não terem uma base sólida, e assim é fácil concluir que "a religião" é um monte de bobagens.

Como cristão, você deve se esforçar para ser diferente do mundo – ser um bom exemplo. Caminhe em amor, seja íntegro em sua conduta. As pessoas o estão observando. Mostre-lhes que Cristo vive em você.

8 de Abril

Por que se preocupar?

> *Deixa a ira, abandona o furor; não te impacientes; certamente, isso acabará mal.*
>
> Salmos 37.8

A ansiedade e a preocupação são ataques na mente que pretendem impedi-lo de servir a Deus. O inimigo usa essas armas para roubar sua fé de forma que você não possa viver em vitória. Muitas pessoas são preocupadas, mas nem mesmo percebem isso. Elas podem dar qualquer nome a esse sentimento, mas ainda estão preocupadas. Além da Palavra de Deus nos dizer "Não temas", outras passagens alertam: "Não andeis ansiosos" (Mateus 6.25 e Filipenses 4.6); "Lançando sobre ele toda vossa ansiedade". (1 Pedro 5.7.)

Mateus 10.27 diz: "Qual de vós, por ansioso que esteja, pode acrescentar um côvado ao curso da sua vida"? O ponto óbvio é que a preocupação é inútil, pois não produz qualquer coisa boa. Sendo assim, por que se preocupar e ficar ansioso?

9 DE ABRIL

Orando a vontade de Deus

Se me pedirdes alguma coisa em meu nome [ao apresentar tudo que Eu Sou], eu o farei [Eu o concederei, Eu mesmo o farei por você].
JOÃO 14.14

Alguns cristãos leem essa passagem e a utilizam fora do contexto. Não seria maravilhoso se isso lhe desse permissão para obter tudo o que você quisesse? Mas o nome de Jesus não é simplesmente uma palavra mágica, adicionada no final da sua lista de pedidos.

Você deve perceber que todas as orações eficazes envolvem orar a vontade de Deus, e não a vontade do homem. Há muitas coisas na Palavra que claramente revelam a vontade de Deus, e essas coisas você pode certamente pedir com ousadia, sem qualquer hesitação ou dúvida se irá obtê-las ou não.

Contudo, há muitas outras situações sobre as quais é preciso orar sem saber a princípio a exata vontade de Deus. Em tais casos, você deve orar para que seja feita a vontade perfeita do Senhor, e não sua própria vontade.

10 DE ABRIL

Pequenos começos

Pois quem despreza o dia dos humildes começos (?)...
ZACARIAS 4.10

Provavelmente, você já creu em Deus para que algo acontecesse em sua vida. Se você observar, descobrirá a evidência de um pequeno começo que Deus lhe deu com respeito a isso, como uma espécie de semente, talvez uma semente pequena e frágil, mas algo que o levou a esperar. Alegre-se com essa semente. É o sinal das grandes coisas que virão.

Quando você despreza algo por considerá-lo insignificante, você não cuidará disso e o desprezará, mas, se você não cuidar daquilo que Deus lhe deu, certamente o perderá.

Você precisa estar contente durante o período das pequenas coisas. Você sabe que o Senhor é o Autor e o Consumador (veja Hebreus 12.2). O que Deus começou Ele completará (veja Filipenses 1.6). Não amaldiçoe suas sementes ao reclamar ou declarar coisas negativas sobre elas. Em vez disso, diga: "Senhor, esta é apenas uma pequena semente, mas agradeço-Te por me dares alguma esperança, algo a que me apegar. Obrigado, Senhor, por esse começo".

11 DE ABRIL

Uma grande fortaleza

Diz ao Senhor: Meu refúgio e meu baluarte, Deus meu, em quem confio [me apoio, e nele confiantemente creio]... Não te assustarás do terror noturno, nem da seta (tramas, calúnias dos ímpios) que voa de dia, nem da peste que se propaga nas trevas, nem da mortandade (súbita) (e destruição) que assola (e surpreende) ao meio-dia.

SALMOS 91.2, 5-6

Você precisa se lembrar de que pode estar pronto para enfrentar tudo por intermédio de Cristo, que lhe transfere força interior. Paulo orou para que a igreja em Éfeso se sentisse fortalecida com todo o poder e força em seu homem interior (veja Efésios 3.16). Ele sabia que se eles permanecessem fortes interiormente seriam capazes de enfrentar tudo o que viesse contra a vida deles.

Quando você confia em Deus, não tem de ficar assustado com as surpresas que o diabo lhe prepara. Deus é a sua grande fortaleza. Não importa o que venha contra sua vida, você nunca será derrotado.

12 DE ABRIL

Ouça e obedeça

Sacrifícios e ofertas não quiseste (nem te deleitastes neles); abriste os meus ouvidos (deste-me capacidade para ouvir e obedecer a Tua Lei, o que te é mais agradável do que holocaustos e ofertas); holocaustos e ofertas pelo pecado não requeres.

SALMOS 40.6

Deus tem prazer em sua obediência. Naturalmente, Ele não se agrada de falar algo se você não irá ouvir e obedecer. Por muitos anos, eu queria que Deus falasse comigo, mas queria escolher aquilo a que eu obedeceria. Eu queria fazer o que Ele dissesse, se isso fosse uma boa ideia para mim. Se eu não gostasse de algo que ouvia, agia como se aquilo não viesse de Deus.

Algumas coisas que Deus diz são impressionantes, algumas não parecem tão empolgantes de ouvir. Mas isso não significa que aquilo que Ele diz não irá operar para o seu bem se você simplesmente obedecer-Lhe. Deus não requer um sacrifício maior do que a obediência.

13 DE ABRIL

Graça suficiente

A minha graça (favor, benignidade e misericórdia) te basta [é suficiente contra qualquer perigo e o capacita a lidar com as adversidades corajosamente], porque o (meu) poder (e minha força) se aperfeiçoa (se torna pleno, completo e mostra-se mais efetivo) na [sua] fraqueza.
2 Coríntios 12.9

Você já se perguntou por que Deus nem sempre o liberta de sua escravidão e de seus problemas imediatamente? A razão é que somente Deus sabe tudo de que precisa ser feito na vida de seus filhos, bem como o tempo perfeito para isso acontecer.

Você nem sempre será liberto das suas aflições no exato momento em que invoca o Senhor. Algumas vezes, você deve suportar por um tempo, ser paciente e continuar em fé. Agradeça a Deus por esses momentos durante os quais o Senhor decide, por alguma razão, não livrá-lo imediatamente. Ele sempre dará a graça e a força de que você precisa para prosseguir até a vitória final.

14 DE ABRIL

Grandes expectativas

Por isso, o Senhor (intensamente) espera (ansiando, procurando e buscando), para ter misericórdia de vós, e se detém, para se compadecer de vós, porque o Senhor é Deus de justiça; bem-aventurados todos os que nele esperam.
Isaías 30.18

Que promessa maravilhosa! Deus está esperando intensamente alguém a quem Ele possa ser bom, mas há uma condição; você deve ter expectativa, procurar e desejar a bondade de Deus.

Hebreus 6.19 diz que a esperança é a âncora da alma. A esperança é a força que o mantém firme em meio à tribulação. Nunca pare de esperar: as coisas nem sempre podem ocorrer da forma que você desejava, mas mesmo em tempos de desapontamento ainda há uma razão para esperar. Espere milagres em sua vida. Espere boas coisas!

15 DE ABRIL

Tesouro peculiar

Agora, pois, se diligentemente ouvirdes a minha voz e guardardes a minha aliança, então, sereis a minha propriedade peculiar dentre todos os povos; porque toda a terra é minha; vós me sereis reino de sacerdotes e nação santa (consagrados, separados para adorar a Deus)...
ÊXODO 19.5-6

A autorrejeição e a auto-aversão podem parecer quase sempre piedosas em certo sentido. Elas podem tornar-se uma forma de punir a si mesmo pelos seus erros, falhas e incapacidade. As pessoas não são perfeitas, e assim, algumas vezes, elas rejeitam e desprezam a si mesmas.

Você perdeu a apreciação de sua própria dignidade e valor? Você pode não se sentir valoroso ou mesmo aceitável, mas você é. Em Efésios 1.6, Paulo diz que todos que creem em Cristo foram aceitos no Amado. Que afirmação abençoada e maravilhosa! Certamente você é valioso, do contrário, seu Pai celestial não teria pago um preço tão alto por sua redenção.

16 DE ABRIL

Confiança em Cristo

Não abandoneis, portanto, a vossa confiança; ela tem grande galardão (grande e gloriosa recompensa). Com efeito, tendes necessidade de perseverança (firmeza e paciência), para que, havendo feito (plenamente) a vontade de Deus, alcanceis (recebais e desfrutais em plenitude) a promessa.
HEBREUS 10.35-36

O que é confiança? A confiança é definida como um tipo de segurança que leva alguém a vencer algo; a fé de que alguém é capaz e aceitável; a certeza que leva alguém a ser ousado, franco e aberto.

O diabo começa seu ataque contra a confiança pessoal sempre que pode achar uma brecha, especialmente durante os anos vulneráveis da infância. Seu alvo é enfraquecer a confiança de uma pessoa, porque um indivíduo sem confiança nunca cumprirá o plano de Deus em sua vida.

Cristo está em você, pronto para ajudá-lo em tudo o que você fizer para Ele. Jesus pode restaurar sua confiança e lhe dar força, poder e ousadia para fazer o que você nunca faria por si mesmo. Seja confiante, isso é parte da sua herança espiritual!

17 DE ABRIL

Vendo em meio às trevas

Fiel (confiável, digno e, portanto, verdadeiro em sua promessa, e podeis confiar nele) é Deus, pelo qual fostes chamados à comunhão de seu Filho Jesus Cristo, nosso Senhor.
1 CORÍNTIOS 1.9

Há momentos em que você simplesmente não consegue enxergar através das trevas que parecem estar rodeando sua vida. Em momentos assim, de perseverança e paciência, é que sua fé é ampliada e você aprende a confiar em Deus mesmo quando não pode ouvir Sua voz.

Você pode crescer em seu nível de confiança até o ponto em que "conhecer" é melhor do que "ouvir". Você pode não saber o que fazer, mas é suficiente conhecer Aquele que sabe o que fazer. Todos gostam de ter uma direção específica, contudo, quando você não a tiver, o fato de saber que Deus é fiel e verdadeiro em sua Palavra e lembrar-se de que Ele prometeu estar com você sempre é reconfortante e o mantém estável até que chegue o tempo de Deus para resolver aquela situação.

18 DE ABRIL

A mentira do eu

Porque nós (cristãos) é que somos a circuncisão, nós que adoramos a Deus no Espírito, e nos gloriamos (nos orgulhamos e exultamos) em Cristo Jesus, e não

Terminado bem seu dia

confiamos (ou dependemos do que somos) na carne (ou em privilégios exteriores,
vantagens físicas e aparência exterior).
FILIPENSES 3.3

A autoconfiança é valorizada na cultura dos nossos dias. A sociedade proclama a necessidade básica de confiar em si mesmo e de que você precisa sentir-se bem se quiser realizar algo na vida. Muitos creem nessa mentira.

Muitas pessoas gastam a vida escalando a escada do sucesso somente para alcançar o topo e descobrir que sua escada estava apoiada no edifício errado. Outros lutam para agir de forma perfeita somente para encarar erros repetidos. O resultado é sempre o mesmo: vazio e miséria.

Você não precisa acreditar em si mesmo; basta acreditar em Jesus que vive em você. Você não precisa de autoconfiança; precisa confiar em Deus!

19 DE ABRIL

Seja quem você é

Não nos deixemos possuir de vanglória (ou auto-exaltação), provocando uns aos outros (competindo entre nós, desafiando, provocando ou irritando uns ao outro), tendo inveja uns dos outros.
GÁLATAS 5.26

Em Gálatas 6.4, o apóstolo Paulo o exorta a crescer no Senhor até que você chegue ao ponto em que pode ter satisfação pessoal e alegria de fazer tudo de forma recomendável sem ter a necessidade de comparar-se com qualquer outra pessoa.

Agradeça a Deus, pois, ao saber quem você é em Cristo, você é livre do estresse da comparação e da competição. Você sabe que sua dignidade e valor não dependem das suas obras e realizações. Portanto, você pode fazer o melhor para glorificar a Deus, em vez de simplesmente tentar ser melhor do que qualquer outra pessoa. Que liberdade gloriosa e maravilhosa estar seguro em Cristo e não ter de ser controlado pela disputa, pela inveja e pelo ciúme. Você pode ser tudo que Deus o criou para ser! Ele não comete erros.

20 DE ABRIL

Da cisterna ao palácio

Mas, logo que chegou José a seus irmãos, despiram-no da (elegante) túnica, a túnica talar de mangas compridas que trazia. E, tomando-o, o lançaram na cisterna, vazia, sem água.
GÊNESIS 37.23-24

Quando os irmãos de José o atiraram na cisterna para morrer, Deus tinha outros planos. A Bíblia diz que José não tinha uma mentalidade de escravo, embora tivesse sido vendido como escravo. Ele ainda cria que poderia fazer grandes coisas. Finalmente, ele terminou como segundo no comando do Egito, servindo a Faraó. Como José saiu da cisterna para o palácio? Ao permanecer positivo, recusando-se a ser amargo, permanecendo confiante e crendo em Deus.

Ajuste sua mente agora mesmo para fazer algo grande para Deus. Não importa onde você começou, ainda pode ter um grande final. Se as pessoas o maltrataram, não perca tempo tentando se vingar; deixe-as na mão de Deus e confie nEle para fazer justiça em sua vida.

21 DE ABRIL

A vida livre de estresse

Vinde a mim, todos os que (trabalhais e) estais cansados e sobrecarregados, e eu vos aliviarei (Eu vos reconfortarei, socorrerei e restaurarei suas almas).
MATEUS 11.28

Muitas pessoas hoje são estressadas muito além do que qualquer ser humano poderia suportar. Cada pessoa é bastante diferente, exclusivamente criada pelo plano de Deus. O que é complicado para alguns pode ser simples para outros. Não se compare com outras pessoas. Quando enfrentar um problema ou dificuldade, pergunte a si mesmo: "O que Jesus gostaria que eu fizesse nessa situação? Como Ele agiria"?

Jesus não ficava estressado ou perturbado. Ele não era controlado por circunstâncias ou exigência das pessoas. Em João 14.6, Jesus disse: "Eu sou o caminho". Seu caminho é o caminho certo, o caminho que o levará à justiça, à paz e à alegria. Jesus orou para que sua alegria enchesse nossa alma, e isso acontecerá quando você aprender a ter a atitude de Jesus diante da vida e de seus muitos desafios.

22 DE ABRIL

Nenhuma condenação

Quem nele crê (depende, confia) não é julgado [aquele que confia nele não entra em juízo, pois para ele não há rejeição, ou condenação].
JOÃO 3.18

O Espírito Santo trabalha para convencê-lo do pecado e da justiça (veja João 16.7-11). A ação do Espírito pretende convencê-lo a se arrepender, o que significa voltar atrás e seguir na direção certa.

É normal você se sentir culpado quando inicialmente foi convencido do pecado; mas permanecer sentindo-se culpado após ter se arrependido não é saudável, não é a vontade de Deus. A convicção é inteiramente diferente da condenação. A condenação o oprime e o coloca sob o peso de culpa, mas a convicção pretende levantá-lo para algo, ajudá-lo a subir mais alto no plano de Deus para sua vida. Se você está sofrendo sob o peso de condenação, lance sua culpa diante do trono de Deus nesta noite e receba Seu perdão e Sua misericórdia.

23 DE ABRIL

A espada do Espírito

Estai, pois, firmes [em seu território], cingindo-vos com a verdade (ao redor de seus lombos) e vestindo-vos da couraça da justiça (integridade, retidão moral e posição correta diante de Deus). Calçai os pés com a preparação do evangelho da paz (para enfrentar o inimigo com estabilidade, prontidão e presteza propiciadas pelas boas novas); embraçando sempre (sobre tudo) o escudo da fé (salvadora), com o qual podereis apagar todos os dardos inflamados do Maligno. Tomai também o capacete da salvação e a espada do Espírito, que é a palavra de Deus;
EFÉSIOS 6.14-17

Essa passagem o instrui a vestir a armadura que serve como proteção contra principados e poderes do inimigo. Você tem a armadura defensiva e uma poderosa arma ofensiva: a espada do Espírito. Uma espada mantida na bainha não tem valor. Ela deve ser desembainhada e utilizada. A Palavra de Deus é sua espada. Quando Satanás atacar sua mente, diga, "Está escrito...", e mencione o versículo que se opõe à mentira que o diabo estiver lhe dizendo.

24 DE ABRIL

A Palavra escrita

Lâmpada para os meus pés é a tua palavra e luz para os meus caminhos.
SALMOS 119.105

A Bíblia é escrita como uma carta pessoal a você. Deus fala com você, ministra às suas necessidades e o direciona no caminho que você deve seguir por intermédio da Palavra escrita. Ele lhe diz o que fazer e como viver.

É um erro pensar que podemos ouvir claramente a voz de Deus sem passar tempo com sua Palavra. Conhecer a Palavra escrita o protege do engano. Querer ouvir a voz de Deus sem dedicar-se a passar tempo com a Palavra regularmente abre uma porta para ouvir vozes que não são de Deus. Haverá momentos nos quais Deus lhe dirá algo que não estará em capítulo ou versículo específico da Bíblia, mas sempre estará em concordância com sua Palavra.

Nesta noite, passe tempo lendo uma porção da carta pessoal que Deus lhe enviou e permita que Ele fale ao seu coração. A Palavra de Deus é um dos bens mais preciosos que você possui. Valorize-a.

25 DE ABRIL

Busca noturna

Com minha alma suspiro de noite por ti (oh, Senhor) e, com o meu espírito dentro de mim, eu te procuro diligentemente...
ISAÍAS 26.9

Nada pode satisfazer seu anseio por Deus, exceto a comunhão e o relacionamento com Ele. O apóstolo João escreveu: "Ora, o mundo passa (e desaparece), bem como a sua concupiscência (os desejos da paixão, a luxúria); aquele, porém, que faz a vontade de Deus (e cumpre seus propósitos) permanece eternamente" (1 João 2.17).

O mundo faz com que seja lhe fácil encher seus ouvidos com todo tipo de coisas que abafe a voz de Deus, afastando-o para longe do cenário da nossa vida. Contudo, para cada pessoa chegará um dia em que somente Deus permanecerá. Tudo o mais na vida passará; e, quando isso ocorrer, Deus ainda estará ali. Busque a Deus intensamente nesta noite, e Ele permanecerá em você.

26 DE ABRIL

Dome a língua

Observai, igualmente, os navios que, sendo tão grandes e batidos de rijos ventos, por um pequeníssimo leme são dirigidos para onde queira o impulso do timoneiro. Assim, também a língua, pequeno órgão, se gaba de grandes coisas... a língua, porém, nenhum dos homens é capaz de domar; é mal incontido (indisciplinado, irreconciliável), carregado de veneno mortífero.

TIAGO 3.4-5,8

Tudo o que é indisciplinado se tornará selvagem e descontrolado, sempre desejandofazer sua própria vontade. Uma criança sem correção age dessa forma, assim como um animal selvagem e mesmo o apetite. A língua humana não é diferente. Nenhum homem pode domar a língua por si mesmo. Você precisa da ajuda do Espírito Santo, mas Deus não fará todo o trabalho por você. Você também deve disciplinar sua boca e assumir a responsabilidade por aquilo que sai dela.

Como você tem falado a respeito do seu futuro? Se você não está satisfeito com sua vida e quer ver mudanças, comece a falar sobre si mesmo de acordo com a Palavra de Deus. Deixe suas Palavras entrarem em concordância com a Palavra de Deus, e você será grandemente abençoado.

27 DE ABRIL

O plano perfeito

Eu é que sei que pensamentos tenho a vosso respeito, diz o Senhor; pensamentos de paz e não de mal, para vos dar o fim que desejais.
JEREMIAS 29.11

Deus tem um plano perfeito para todo aquele que coloca sua fé em Jesus Cristo como o Senhor de sua vida. Seu plano é completo em cada detalhe e levará todos que o seguirem a uma vida abundante. Mas somente poucos têm desfrutado o cumprimento do plano de Deus porque a maioria não sabe como ouvir a direção de Deus e segui-Lo. Em vez disso, elas escolhem (voluntária ou involuntariamente) seguir seu próprio caminho.

Você pode caminhar na perfeita vontade de Deus e aprender como ouvi-Lo e seguir Suas instruções. Mas obedecer a Deus deve ser uma decisão. Deus não o forçará a escolher a vontade dEle. Contudo, Ele fará tudo o que puder para encorajá-lo a dizer *sim* à direção dEle.

28 DE ABRIL

Sabedoria incomparável

Se, porém, algum de vós necessita de sabedoria, peça-a a Deus, que a todos dá liberalmente (e voluntariamente, sem reclamar ou condenar) e nada lhes impropera; e ser-lhe-á concedida.
TIAGO 1.5

Surpreendentemente, muitas pessoas inteligentes e cultas não têm sabedoria e bom senso. A sabedoria e o bom senso estão intimamente ligados: a sabedoria discerne a verdade numa situação, enquanto o bom senso provê a capacidade de discernir o que fazer com relação à verdade. A sabedoria é sobrenatural, não é algo ensinado pelo homem, é um dom de Deus.

É impressionante a quantidade de pessoas que pensa que o bom senso é incompatível com ser "espiritual". Pessoas espirituais não têm que flutuar

Terminado bem seu dia

o dia inteiro em nuvens de glória, vendo anjos e ouvindo vozes celestiais. Você vive num mundo real, com situações reais, e precisa de respostas práticas. Você busca ao Senhor e Ele fala, mas Ele é o Espírito de sabedoria e não lhe dirá para fazer coisas que não são sábias. Se você precisa de respostas práticas em sua vida, a sabedoria e o bom senso são gratuitamente seus, se você pedi-los a Deus.

29 DE ABRIL

Fuja da monotonia

Mas, ao que não trabalha [pela Lei], porém crê [plenamente] naquele que justifica o ímpio, a sua fé lhe é atribuída como justiça (posição aceitável a Deus). E é assim também que Davi declara ser bem-aventurado o homem a quem Deus atribui justiça, independentemente de obras.

ROMANOS 4.5-6

Se você passar anos agindo de acordo com a rotina do mundo, é difícil sair. Quando você se torna viciado em sentir-se bem sobre si mesmo somente quando realiza algo bom, estará buscando por uma vida de miséria. Esse é um círculo vicioso que consiste em tentar e fracassar, tentar mais arduamente e fracassar novamente, sentir-se culpado e rejeitado.

Deus não quer que você viva assim. Ele quer que você se sinta bem sobre si mesmo, seja seu desempenho perfeito ou não. Ele não quer que você seja cheio de orgulho, mas certamente não o criou para rejeitar a si mesmo. Se você está preso a esse tipo de armadilha da realização-aceitação, peça a Deus que quebre esse círculo em sua vida. Deixe sua confiança ser baseada naquilo que você é em Cristo.

30 DE ABRIL

Espírito, mente e corpo

O mesmo Deus da paz vos santifique em tudo [separando-vos das coisas profanas, tornando-vos puros e totalmente consagrados a Deus]; e o vosso espírito, alma e corpo sejam conservados [e encontrados] íntegros e irrepreensíveis na vinda de nosso Senhor Jesus Cristo (o Messias).

1 TESSALONICENSES 5.23

Muitas pessoas não compreendem que são seres em três dimensões: espírito, alma e corpo. Você é um espírito, tem uma alma e habita num corpo. Deus promete cuidar dessas três partes e fazer de você o que deve ser.

Você deve cooperar com o Espírito para levar adiante o plano que Ele começou a operar em sua vida quando você aceitou Jesus como Senhor e Salvador. Seu novo nascimento começou em seu espírito, tem trabalhado por intermédio da sua alma (mente, vontade e emoções) e, finalmente, será visível às outras pessoas pela demonstração da glória de Deus em seu corpo físico. Deus está trabalhando em você, à medida que crê. Ele começou uma boa obra em sua vida e a concluirá.

1º DE MAIO

Você não está sozinho

Porque a mim se apegou com amor, eu o livrarei; pô-lo-ei a salvo, porque conhece o meu nome (tem um conhecimento pessoal da minha misericórdia, amor e bondade, confia e crê em mim, sabendo que nunca o abandonarei).
SALMOS 91.14

Deus quer que você saiba que não está sozinho. Satanás quer que você creia que você está totalmente só, mas não é verdade. O diabo quer que você creia que ninguém compreende como se sente, mas ele está mentindo.

Além de o próprio Deus o apoiar, muitos crentes sabem como você se sente e compreendem o que você está experimentando mental e emocionalmente.

Como filho de Deus, você pode reivindicar as maravilhosas promessas do Senhor. Não importa o que você esteja enfrentando ou quão solitário se sinta, saiba que você não está só.

Ao meditar na Palavra de Deus nesta noite, receba força e encorajamento ao saber que Deus é sempre fiel e nunca o abandonará.

2 DE MAIO

Erga seus olhos

Porém tu, Senhor, és o meu escudo, és a minha glória e o que exaltas a minha cabeça.
SALMOS 3.3

Quando você se sente triste, tudo ao seu redor parece estar desmoronando, e você começa a perder sua força. Sua mente, suas mãos e seu coração começam a definhar. Mesmo seus olhos e sua voz perdem a força.

Você se sente abatido porque está olhando para seus problemas, e isso somente faz você se sentir pior. Algumas vezes você é tentado a dizer: "De que adianta continuar"? e pensa apenas em desistir. Mas Deus está esperando que você levante os olhos e olhe para Ele, buscando a ajuda dEle.

A vida sempre apresenta situações desanimadoras, mas você não tem de deixar que isso o desanime. A despeito das circunstâncias desagradáveis da vida, você pode ser confiante no Senhor, Aquele que levanta sua cabeça.

Erga seus olhos, suas mãos, sua cabeça e seu coração e não olhe para seus problemas, mas para Aquele que prometeu levá-lo até a vitória. Sorria... Isso animará seu espírito.

3 DE MAIO

Espere uma reviravolta

Vós, na verdade, intentastes o mal contra mim; porém Deus o tornou em bem, para fazer, como vedes agora, que se conserve muita gente em vida.
GÊNESIS 50.20

Esse versículo é parte da história sobre como Deus promoveu José a um lugar de autoridade após seus irmãos terem-no vendido como escravo. É uma grande demonstração do desejo e da habilidade de Deus para vencer o mal com o bem.

Os irmãos de José pretendiam destruí-lo, mas José tornou-se o segundo no comando do Egito e foi usado por Deus para salvar não somente sua própria família, mas muitos milhares de pessoas.

Algumas vezes você se esquece como Deus é grande. Seja o que for que tenha lhe acontecido no passado, você deve compreender que isso não tem de ditar seu futuro. Coloque sua fé e sua confiança em Deus e observe como Ele transforma as coisas para o seu bem. Alegre-se! Deus tem um bom plano para sua vida.

Amando ao ofertar

Ora, aquele que possuir recursos deste mundo, e vir a seu irmão padecer necessidade, e fechar-lhe o seu coração, como pode permanecer nele o amor de Deus?... não amemos [meramente] de palavra, nem de língua, mas de fato e de verdade.
1 João 3.17-18

Muitas pessoas amam as coisas e usam as pessoas para obtê-las, mas Deus deseja que você ame as pessoas e use as coisas para abençoá-las. Compartilhar suas possessões com os outros é uma forma de transformar o amor do estágio de simples palavras para o estágio da ação.

Deus lhe deu um coração compassivo, mas você tem de escolher abri-lo ou fechá-lo. Há pessoas feridas ao seu redor, e simples atitudes de bondade podem fazer essas pessoas se sentirem amadas e valorizadas.

Não se esforce simplesmente para obter mais bênçãos, esforce-se para aperfeiçoar sua atitude de dar. Se você o fizer, descobrirá que Deus se assegurará de que você terá o suficiente para suprir suas próprias necessidades com abundância para que também possa dar a outros.

Viva um dia de cada vez

Portanto, não vos inquieteis com o dia de amanhã, pois o amanhã trará os seus cuidados (preocupações e ansiedades); basta ao dia o seu próprio mal.
MATEUS 6.34

A maioria de nós tem o suficiente para enfrentar o dia de hoje sem precisar se preocupar com o amanhã. Deus lhe dará graça para hoje, mas Ele não lhe dará graça para o dia de amanhã até que amanhã chegue.

Assim, frequentemente, as pessoas se preocupam com algo que nunca acontecerá. Quando você começa a pensar "E se...", a porta se abre para o medo e a ansiedade. A preocupação de algumas pessoas é tamanha que se transforma em medo, e frequentemente as coisas que as pessoas temem manifestam-se em sua vida.

Terminado bem seu dia

Não se permita temer o amanhã. Apenas saiba que Deus é fiel. É confortador saber que, a despeito de tudo que o amanhã possa trazer, Deus tem o controle sobre o amanhã. Sua graça é suficiente para suprir as necessidades que surgirem.

Não desperdice a graça de hoje ao preocupar-se com o amanhã. Viva um dia de cada vez e ficará surpreso com quanto poderá realizar para Cristo.

6 DE MAIO

Mude seu foco

E também faço esta oração: que o vosso amor aumente mais e mais (e estenda-se ao seu pleno desenvolvimento)... para aprovardes (e estimardes) as coisas excelentes (vitais e de real valor)...
FILIPENSES 1.9-10

Paulo fez essa oração pelos crentes da igreja de Filipos sabendo que eles não poderiam ter vida poderosa e vitoriosa a menos que aprendessem o real valor de amar os outros.

Você também deve assumir um verdadeiro compromisso de caminhar em amor, o que pode requerer que você ajuste suas prioridades e mude seu foco.

Você deve ter sua mente renovada para o que o amor realmente é. O amor não é um sentimento que você tem, mas uma decisão que você toma, uma decisão de tratar as pessoas da forma que Jesus as trataria.

Uma verdadeira caminhada de amor não ocorre facilmente ou sem sacrifício pessoal, mas os benefícios são grandes. Deus enriquecerá sua vida como nunca antes. Amar os outros é o caminho para a verdadeira alegria.

7 DE MAIO

Deixe Deus aumentar sua força

Faz forte ao cansado (e fraco) e multiplica as forças ao que não tem nenhum vigor (fazendo sua força multiplicar-se e abundar).
ISAÍAS 40.29

Quando sinto que começo a ficar cansada, busco o Senhor. Tenho aprendido que é melhor manter boas condições regularmente do que esperar até que uma crise ocorra e, então, tentar reparar o prejuízo.

É sábio não usar tudo que você tem e esgotar totalmente seus recursos, sejam eles físicos, mentais, emocionais ou espirituais.

É fácil ficar exausto com excesso de trabalho ou simplesmente viver irritado e frustrado com seus problemas, especialmente quando seu foco está neles, em vez de manter seus olhos no Senhor.

Não se apoie em si mesmo ou em sua própria força e capacidade. Deus prometeu prover a força, a energia e o poder de que você precisa para prosseguir. Assim, aprenda a relaxar mais e permitir que o Senhor restaure sua vida antes que você se esgote totalmente. Separe um momento diariamente para passar tempo de qualidade com Jesus.

8 DE MAIO

Confie no tempo de Deus

Quanto a mim, confio em ti, Senhor. Eu disse: tu és o meu Deus.
Nas tuas mãos, estão os meus dias...
SALMOS 31.14-15

A confiança requer que você coloque sua agenda nas mãos de Deus, crendo que o tempo dele é perfeito para todas as coisas em sua vida.

Sua natureza humana quer que as boas coisas aconteçam imediatamente, não mais tarde. Mas você aprende a crer e a esperar que as coisas aconteçam no tempo perfeito de Deus à medida que amadurece na vida cristã.

Confiar em Deus frequentemente significa não saber *como* Ele irá realizar algo e *quando* Ele o fará. Mas não saber "como e quando" fortalece sua fé e lhe ensina lições de confiança. Lembre-se: a confiança não é herdada, é aprendida.

O tempo desempenha um papel importante para aprender a confiar em Deus. À medida que você experimentar a fidelidade do Senhor, vez após vez, desistirá de confiar em si mesmo e colocará sua vida nas mãos habilidosas de Deus. Esse é um lugar maravilhoso para estar!

Lembre-se de Deus e tome uma atitude

Sinto abatida dentro de mim a minha alma (e percebo um peso maior do que posso suportar); lembro-me, portanto, (intensamente) de ti...
SALMOS 42.6

Quando você está desanimado, o diabo quer que você se lembre de cada coisa ruim, detestável e desprezível que possa ter acontecido com você e cada coisa vergonhosa e mesquinha que você fez.

Deus quer que você se lembre dEle e cante louvores a Ele em meio a essa situação miserável. Lembre-se de que você é nova criatura e as coisas velhas já passaram.

Quando o rei Saul era atingido por um espírito maligno, ele tomava uma atitude: chamava Davi para tocar sua harpa e, com isso, afugentar o espírito maligno que o perturbava. (Veja 1 Samuel 16.).

Sempre que você sentir que seu espírito começa a se abater, precisa tomar uma atitude imediatamente. Não espere.

Lembre-se do Senhor e das boas coisas que Ele tem feito por você, e isso alimentará sua fé e fortalecerá seu espírito! Levante suas mãos em louvores e sua voz em adoração. Satanás não pode derrotar um adorador.

Não exceda os limites razoáveis

Acaso, não sabeis que o vosso corpo é santuário do Espírito Santo, que está em vós... e que não sois de vós mesmos? Porque fostes comprados por preço. Agora, pois, glorificai a Deus no vosso corpo.
1 CORÍNTIOS 6.19-20

No mundo de hoje, o estresse faz parte da vida diária. Deus o criou para suportar níveis normais de pressão e tensão, e, se você se mantiver nos limites razoáveis, não haverá problema. Mas seu problema começará se não o fizer.

Muitas situações de tensão são inevitáveis, mas frequentemente você causa estresse extra a si mesmo por trabalhar demais, não se alimentar ou não dormir adequadamente, envolvendo-se em muitas atividades, até mesmo nas boas obras, o que faz com que você exceda limites sábios. Se você continuar a adicionar mais estresse mental e emocional à sua vida, terá problemas.

Se você está vivendo além dos limites razoáveis, é tempo de lembrar-se do Espírito Santo que vive em você. Você pertence a Ele e deve deixar que Ele o ajude a reconhecer e permanecer nos seus limites. Não se permita sair de cena por esgotamento, mas permaneça ativo!

11 DE MAIO

Desfrute a justiça de Cristo

(Justiça, posição aceitável a Deus) a nós igualmente nos será imputado (e creditado), a saber, a nós que cremos (nos apegamos e confiamos) naquele que ressuscitou dentre os mortos a Jesus, nosso Senhor.
ROMANOS 4.24

É altamente inspirador perceber que você está numa posição correta com Deus simplesmente por crer em Cristo. Porque Jesus, que não conheceu pecado, tornou-se pecado em seu lugar, você se tornou a justiça de Deus. Tal pensamento gera tanto a empolgação quanto o quebrantamento.

Mas o diabo não quer que você caminhe na empolgação dessa maravilhosa realidade. Ele quer lembrá-lo de todas as suas faltas e desviá-lo da alegria da justiça que Jesus morreu para lhe dar.

Não deixe o diabo roubar a alegria da sua justiça por intermédio de Cristo. Enquanto você se prepara para uma noite de descanso, passe momentos de silêncio pensando sobre esse dom incomparável e adore Aquele que tornou tudo isso possível. Vá dormir pensando: "Sou a justiça de Deus em Cristo" (2 Coríntios 5.21).

12 DE MAIO

Observe os sinais

Quando te desviares para a direita e quando te desviares para a esquerda, os teus ouvidos ouvirão atrás de ti uma palavra, dizendo: Este é o caminho, andai por ele.

Isaías 30.21

Suponha que você esteja dirigindo pela estrada. No meio da pista há sinais. Alguns são linhas amarelas paralelas alertando que, se você ultrapassá-las, correrá o alto risco de uma colisão. Algumas são linhas brancas intermitentes que significam que você pode passar para o outro lado e ultrapassar o carro à sua frente, desde que tenha cautela e observe o tráfego.

Há também placas que dão direção específica ou avisos: "Retorno"; "Mão única"; "Em obras"; "Curva à direita". Se você observar as instruções, evitará uma situação perigosa.

O mesmo é verdade na vida. Há sinais espirituais que nos instruem sobre como permanecer sob a proteção de Deus. Se você observar esses sinais, será capaz de permanecer em segurança no caminho. Por exemplo, sempre procure a paz e estará na direção certa.

13 DE MAIO

Ame o homem... Confie em Deus

Muitos... creram no seu nome; mas o próprio Jesus não se confiava a eles... porque ele mesmo sabia o que era a natureza humana.

João 2.23-25

Jesus amou as pessoas, especialmente seus discípulos. Ele tinha um grande relacionamento com eles, viajava e comia com eles, bem como os ensinava. Mas Ele não colocava sua confiança neles, porque conhecia a natureza humana.

Isso não significa que Ele não confiava em seu relacionamento com eles; mas simplesmente Ele não se abria a eles da mesma forma que Ele confiava e se abria a seu Pai celestial. É assim que você deve ser.

Muitas vezes as pessoas formam relacionamentos íntimos e dependem demais dos seus amigos, em vez de buscar a Deus. Mas você não precisa fazer isso. Mesmo nos melhores relacionamentos, as pessoas o desapontarão porque as pessoas não são perfeitas. É certo amar e respeitar os outros, mas lembre-se sempre de que o único que nunca falhará com você é Deus.

14 DE MAIO

Não se exaspere. Permaneça calmo!

Tu, porém, sê sóbrio (calmo e ponderado) em todas as coisas...
2 TIMÓTEO 4. 5

Se você fica transtornado por causa de todos os problemas do mundo e de sua própria vida, bem como irritado com as pessoas difíceis de lidar, há uma solução: fique calmo, esfrie a cabeça e permaneça firme.

Quando os problemas surgem em nossa vida, frequentemente tendemos a ficar transtornados, dizendo: "O que eu posso fazer? O que posso fazer? O que posso fazer"? Imediatamente agimos na carne, em vez de buscar a direção do Senhor.

Esse parece ser o caminho do mundo, e se não formos cuidadosos faremos a mesma coisa, mas Deus tem um plano melhor para seus filhos. Ficar agitado e reagir baseando-se nas emoções não ajudará, somente causará mais problemas.

Assim, hoje, se os problemas surgirem e interromperem seus planos, seja obediente a Deus: peça-Lhe que o ajude a permanecer calmo, tranquilo e controlado.

15 DE MAIO

Dê até que isso "doa"

Porque eles, testemunho eu, na medida de suas posses e mesmo acima delas, se mostraram voluntários (e deram)...
2 CORÍNTIOS 8.3

Há vários níveis para ofertar, e alguns são mais custosos do que outros. Uma forma de ofertar é usar suas possessões materiais para ser uma bênção. Dar as coisas que você não quer e nem usa mais é bom, mas você também deve dar coisas novas, ou coisas que têm valor para você.

Se você conhece alguém que esteja passando por uma situação difícil, vá a uma loja comprar um presente para essa pessoa. Procure algo especial que pareça ser o presente certo. Isso tomará tempo, e para pessoas ocupadas isso é custoso, mas é bom para nos exercitarmos em novas áreas.

Algumas vezes você precisa dar uma das suas coisas favoritas, e isso pode ser doloroso. Mas é bom você sair da sua zona de conforto e dar até que isso doa. Jesus deu tudo o que Ele era por nossos pecados. Certamente podemos suportar dar meras possessões materiais.

16 DE MAIO

Não ame o mundo

Não ameis o mundo nem as coisas que há no mundo. Se alguém amar o mundo, o amor do Pai não está nele.
1 JOÃO 2.15

Muitas pessoas hoje são bastante apegadas às coisas deste mundo. Nossa sociedade é cheia de consumismo, há lojas em quase todas as esquinas, e todos estão ocupados ganhando dinheiro para que possam comprar mais coisas. Deus quer que seus filhos sejam abençoados e tenham coisas agradáveis, mas a Bíblia nos diz que não devemos estimar tais coisas excessivamente. É importante manter as coisas na sua devida perspectiva.

Se você usar o que tem para abençoar os outros, Deus providenciará que você tenha tudo de que precisa, e mais. Assim, seu alvo deve ser desfrutar as coisas que Deus lhe dá e compartilhá-las com os outros. Isso mostra seu amor pelo Pai.

17 DE MAIO

Confie em Deus e não tema

Não temais; aquietai-vos (permanecei firme, confiante e inabalável) e vede o livramento do Senhor que, hoje, vos fará...
ÊXODO 14.13

Todos nós enfrentamos momentos quando sentimos medo a respeito de algo em particular. Talvez o Senhor tenha levado você a levantar-se para fazer algo, e o diabo esteja tentando impedi-lo. Esse versículo provê uma solução clara e simples: não tema, não fuja, e Deus o ajudará.

Quando você enfrentar o medo, em vez de render-se a isso, você deve permanecer firme, sabendo que Deus está do seu lado.

Mesmo se seus joelhos tremerem, sua boca estiver seca e você sentir como se fosse desmaiar, mantenha-se dizendo: "Senhor, fortalece-me. Isso é o que o Senhor me disse para fazer e com Tua ajuda, eu o farei, porque esta é a Tua vontade revelada a mim. Determino que minha vida não seja governada pelo medo, mas pela Tua Palavra".

18 DE MAIO

Persiga e busque o amor

(Intensamente) Segui o amor... (persiga e busque este amor, tornando isso seu alvo, sua grande busca)
1 CORÍNTIOS 14.1

Desenvolver uma caminhada de amor como aquela demonstrada na vida de Jesus é como escavar uma mina de ouro. O verdadeiro amor cristão não é encontrado na superfície da vida. A Bíblia diz que você deve buscá-lo intensamente. Isso significa que você deve buscar o amor com todas as suas forças, como se você não pudesse viver sem ele.

Você deve aprender tudo o que puder sobre amar e familiarizar-se com tudo o que Jesus e os apóstolos disseram sobre esse assunto.

Contudo, não somente você deve aprender sobre o amor, mas deve caminhar em amor, lembrando-se de tratar os outros da forma que deseja ser tratado.

Nesta noite, peça a Deus que o ajude a buscar e adquirir o tipo de amor dEle, o amor que pode fazer uma diferença significativa em sua vida e na vida daqueles ao seu redor.

19 de Maio

Confie nos caminhos de Deus

Porque os meus pensamentos não são os vossos pensamentos, nem os vossos caminhos, os meus caminhos... porque, assim como os céus são mais altos do que a terra, assim são os meus caminhos mais altos do que os vossos caminhos, e os meus pensamentos, mais altos do que os vossos pensamentos.

Isaías 55.8-9

Você sabia que a falta de compreensão de como Deus faz as coisas pode desgastar sua vida? Se você não compreender os caminhos de Deus, pode terminar lutando e resistindo às coisas, pensando que são ataques do diabo, quando, na realidade, são uma tentativa de Deus operar algo bom em sua vida.

Você sabe que Deus não faz coisas ruins. Mas algumas vezes você pode falhar em perceber que tudo o que parece ruim não é necessariamente prejudicial à sua vida. Lembrar-se de que os caminhos de Deus não são seus caminhos o ajudará a confiar nEle, mesmo quando suas circunstâncias forem difíceis de compreender.

Ao terminar este dia agitado, simplesmente coloque-se nas mãos do Deus Todo-Poderoso e descanse no conhecimento de que Ele é bom e sabe o que é melhor para você.

20 de Maio

Pare de se preocupar

Não andeis ansiosos pela vossa vida (deixai de estardes continuamente ansiosos e preocupados)... Qual de vós, por ansioso (ou preocupado) que esteja, pode acrescentar um côvado ao curso (ou duração) da sua vida?

Mateus 6.25,27

Muitas pessoas se preocupam com tudo, inclusive se elas terão algo para comer ou vestir, ou o que elas farão se uma situação em particular acontecer.

A maioria de nós tem roupa suficiente, comida adequada, casa confortável e carro que funciona. Mas quando as coisas se complicam e você tem de enfrentar situações que parecem impossíveis, o diabo diz: "O que você fará agora"? A tentação para se preocupar chega, mas esta não é solução.

Deus quer que você saiba que a preocupação não o ajudará. De fato, ela certamente piorará as coisas se você fizer disso um hábito.

Seu Pai celestial sabe todas as coisas de que você precisa antes que você Lhe peça. Assim, pare de se preocupar e focalize sua atenção nAquele que é capaz de prover tudo de que você precisa e muito mais.

21 DE MAIO

Viva uma vida equilibrada

Portanto, quer comais, quer bebais ou façais outra coisa qualquer, fazei tudo para a glória de Deus.
1 CORÍNTIOS 10.31

Como cristão, você deve equilibrar sua vida espiritual com suas responsabilidades seculares. Algumas pessoas possuem um "espírito religioso" que as faz ignorar suas tarefas terrenas ou as leva a realizar tais coisas sem alegria. Tais pessoas somente se sentem aprovadas por Deus quando estão fazendo algo que pensam ser "espiritual".

Deus quer que você aprenda que pode comunicar-se com Ele e desfrutá-Lo enquanto faz as coisas corriqueiras. Ele quer que você saiba que pode conversar com Ele durante o dia, da mesma forma que o faz quando está ajoelhado em seu quarto. Ele está sempre presente e disponível para relacionar-se com você e ajudá-lo em suas necessidades.

É bom separar tempos especiais para passar com Deus em oração e estudo, mas você também pode desfrutá-Lo enquanto fizer outras coisas. Dessa forma, você pode desfrutar a vida e a Deus em todos os momentos, não apenas durante "períodos espirituais".

22 DE MAIO

Vigie e ore

Vigiai (despertai, prestai estrita atenção, sejais cautelosos e alertas) e orai, para que não entreis em tentação; o espírito, na verdade, está pronto, mas a carne é fraca.
MATEUS 26.41

Terminado bem seu dia

Suponha que você saiba que sua casa está sendo cercada por agentes inimigos que a qualquer momento podem arrombar a porta e atacá-lo. Você ficaria acordado e vigiaria a porta?

O que você faria se, por alguma razão, não pudesse permanecer acordado e vigiando? Você não se asseguraria de que outra pessoa da família o faria?

Você precisa ser igualmente cuidadoso para resguardar-se de qualquer ataque potencial do inimigo de sua alma. O diabo está sempre tentando atacá-lo, e você deve vigiar e orar todo o tempo, pedindo a Deus que o ajude quando se sentir fraco.

Peça a Deus que prova a força de que você precisa para vencer qualquer tentação que o diabo colocar em seu caminho. Guarde seu coração e leve todo pensamento cativo ao Senhor.

23 DE MAIO

Abandone as cinzas

O Espírito do Senhor Deus está sobre mim... a consolar [e trazer alegria a] todos os que choram... e a pôr sobre os que em Sião estão de luto uma coroa [uma grinalda ou diadema de beleza] em vez de cinzas, óleo de alegria, em vez de pranto.
ISAÍAS 61.1,3

Essa passagem diz especificamente que Deus quer trazer consolação e alegria, beleza em vez de cinzas para aqueles que estão tristes, mas para Ele fazê-lo você deve deixar as cinzas do seu passado.

Algumas pessoas têm seus familiares cremados e guardam suas cinzas em uma caixa ou em uma urna. Finalmente, elas levam as cinzas para um lugar significativo e as atiram ao vento. É uma forma de deixá-las ir de forma permanente.

Isso é o que Deus quer que você faça se tiver sido machucado no passado e estiver preso às cinzas. Se você deseja a alegria verdadeira, deixe essas cinzas e permita que o vento do Espírito Santo as remova de sua vida de forma permanente!

24 de Maio

Vista a armadura de Deus e permaneça em sua posição

Portanto, tomai toda a armadura de Deus, para que possais resistir (e permanecer em seu território) no dia mau (do perigo) e, depois de terdes vencido tudo (feito tudo que a crise exige), permanecer inabaláveis (firmes em seu lugar).
Efésios 6.13

Quando o diabo vem atacá-lo, você deve usar a armadura completa de Deus se quiser resistir ao inimigo e realizar tudo o que Deus quer que você realize.

Você deve perceber que o que você faz para vencer certa crise pode não ser a melhor maneira de vencer outra crise. A solução para seu problema não está num método ou procedimento, mas está no poder que Deus lhe dá para realizar o que Ele quer que você realize.

Quando você lida com uma situação, a chave não está no seu método, mas em liberar o poder de Deus por intermédio da fé. Assim, vista a armadura de Deus, permaneça em sua posição contra o diabo, levante o escudo a fé e veja como o Senhor trará a vitória!

25 de Maio

Seja uma bênção onde quer que vá

Como está escrito: (Aquela pessoa benevolente) distribuiu (generosamente), deu aos pobres, a sua justiça (suas obras de justiça, bondade, misericórdia e benevolência) permanece para sempre.
2 Coríntios 9.9

É bom e bíblico dar aos pobres, e esse deve ser um dos seus principais interesses. Procure pessoas necessitadas e abençoe-as. Compartilhe o que você tem com aqueles que são menos afortunados.

Mas algo bom para lembrar é que *todos* precisam de bênçãos, mesmo os ricos, os bem-sucedidos e aqueles que parecem ter tudo. O que você comprar ou fizer por essas pessoas não é o mais importante; eles podem não

Terminado bem seu dia

precisar do presente, mas precisam de amor. Todos nós nos sentimos fracos algumas vezes e precisamos ser encorajados, edificados, elogiados e apreciados. Isso pode ser feito apenas com palavras, mas é agradável adicionar um presente quando apropriado.

Lembre-se: Deus o abençoa para que você seja uma bênção não somente em poucos lugares, mas onde quer que você vá!

26 DE MAIO

Discipline seus pensamentos e palavras

Do fruto da boca o coração (um homem moral) se farta, do que produzem os lábios se satisfaz (seja bom ou ruim). A morte e a vida estão no poder da língua; o que bem a utiliza come do seu fruto.
PROVÉRBIOS 18.20-21

Problemas fazem parte da vida, mas Deus tem provido uma forma poderosa para você livrar-se da preocupação e da ansiedade que normalmente acompanham os problemas.

Deus quer que coisas boas aconteçam em sua vida, mas você deve cooperar com Ele ao cuidadosamente escolher o que você pensa e fala. Ao falar palavras negativas você está atraindo experiências negativas, mas, quando você fala palavras positivas e cheias de fé, pode esperar receber a bondade de Deus.

Sim, tempos de problemas são inevitáveis, mas é durante esses momentos que você tem a oportunidade de disciplinar seus pensamentos e palavras, obedecer a Deus e exercitar e aumentar sua fé. Quando você escolhe a disciplina, escolhe a vida.

27 DE MAIO

Pare de tentar e comece a confiar

(Não em nossa própria força) porque Deus é quem efetua em vós [energizando e criando em vós o poder e o desejo] tanto o querer como o realizar, segundo a sua boa vontade (satisfação e deleite).
FILIPENSES 2.13

A maioria de nós deseja a vida abençoada que Deus planejou, mas reconhecemos que áreas em nossa vida precisam ser mudadas. Muitas vezes, você se propõe a fazer essas mudanças, contudo, a despeito dos seus melhores esforços, parece sem poder para fazer com que elas aconteçam.

Tentar fazer as mudanças acontecerem pela sua própria força e planos sempre resultarão em frustração. Deus espera que você pare de tentar mudar e apenas comece a confiar nEle para operar as mudanças.

Se você precisa mudar seus pensamentos, atitudes e comportamento, compreenda que você não pode fazer isso por si mesmo. Passe tempo com Deus e peça-Lhe que o ajude; afinal de contas, se Ele não puder fazê-lo, não poderá ser feito. Mas Ele pode... e quer!

28 DE MAIO

Não permita que a dor lhe tire a alegria

Sabemos que todas as coisas cooperam (ajustam-se num plano) para o bem daqueles que amam a Deus, daqueles que são chamados segundo o seu propósito.
ROMANOS 8.28

A vida é cheia de situações injustas que podem criar um grande sofrimento para você, especialmente em seus relacionamentos com outras pessoas. Você experimentará algum sofrimento e dor, mas não tem de permitir que essas experiências destruam sua alegria. Você nem sempre pode escolher o que acontece em sua vida, mas pode escolher como vai reagir a isso.

Se você foi ferido, Deus pode tomar as experiências ruins e fazê-las trabalhar para seu bem. Crer nessa verdade é uma decisão positiva que pode ajudar a interromper sua dor.

Escolha aprender por meio das experiências dolorosas, em vez de desperdiçar seu sofrimento ao permitir que isso o torne amargo. Uma forma de fazer isso é vencer o mal com o bem ao assegurar-se de que você não está ferido com os outros. É um bom lugar para começar!

29 de Maio

A dor... A cura... O socorro!

O amor de Deus é derramado em nosso coração pelo Espírito Santo,
que nos foi outorgado.
ROMANOS 5.5

Algumas pessoas dizem ou fazem coisas que o machucam, mas você tem a habilidade dada por Deus para amar essas pessoas. Uma boa forma de começar é seguir a bem conhecida regra de ouro. Não é fácil. De fato, requer disciplina. Mas Deus o ajudará se você realmente desejar fazê-lo.

A disciplina é sua amiga, é a habilidade que Deus lhe dá para caminhar nos caminhos dEle. Embora seja difícil, a disciplina é um desconforto temporário que pode trazer alegria permanente ou prazer em longo prazo.

Se você é ferido e aprende a vencer isso, terá uma valiosa ferramenta para ajudar os outros. Deus nos conforta para que possamos confortar outras pessoas. Aqui está a progressão: somos feridos... Permitimos que Deus nos cure... Estamos prontos a socorrer os outros. Ferida... Cura... Socorro! É um processo que, literalmente, pode mudar sua vida e a vida de muitas outras pessoas ao seu redor.

30 de Maio

Use a Palavra como arma

Toda arma forjada contra ti não prosperará; toda língua que ousar contra ti em juízo,
tu a condenarás (você mostrará estar em erro).
ISAÍAS 54.17

Certas situações de sua vida sempre parecem provocar pensamentos que você não quer e dos quais você parece não conseguir se livrar? Essa é uma fortaleza que o diabo construiu em sua mente, uma fortaleza que atrai e mantém certo tipo de pensamento. Há uma batalha em andamento, e isso está ocorrendo em sua mente.

Deus tem um grande plano para sua vida, mas, se você permitir-se ser enganado pelo inimigo, seus pensamentos errados podem deter esse plano. Se você atacar esses pensamentos com a Palavra, usando-a como uma arma contra o diabo, Deus o libertará das fortalezas em sua mente. Ele mudará seus pensamentos e sua vida, e você começará a experimentar a abundância que Ele planejou para você o tempo inteiro.

31 DE MAIO

Deixe Deus ter o controle

Buscai as coisas (ricas, tesouros eternos) lá do alto, onde Cristo vive... Pensai nas coisas lá do alto, não nas que são aqui da terra; Fazei, pois, morrer (privai do poder) a vossa natureza terrena (o desejo maligno):
COLOSSENSES 3.1;2,5

É um desejo natural querer estar no controle de sua vida, contudo, não é um alvo possível. Assumir que você pode controlar todas as pessoas e situações que surgem em sua vida é uma expectativa irrealista, e isso o levará à frustração e à exaustão.

Deus tem um plano abençoado para todas as pessoas, o que inclui uma vida bastante superior a tudo que o mundo possa oferecer, mas atingir isso envolve negar-se a si mesmo. Deus, incansavelmente, combate a carne, nossa natureza humana, e seu alvo é libertar-nos do controle da carne. O processo de abrir mão e desistir do controle pode ser doloroso, mas o resultado final vale a pena. Assim, pare de querer assumir o controle e deixe Deus ser Deus em sua vida.

1º DE JUNHO

Medite sobre Deus

Meditarei nos teus preceitos e às tuas veredas (marcadas pela Tua Lei) terei respeito.
SALMOS 119.15

O salmista disse que pensava ou meditava nos preceitos de Deus. Em outras palavras, ele passava muito tempo ponderando ou pensando nos caminhos de Deus, em Suas instruções e em Seu ensino. A pessoa que faz isso, de acordo com o Salmo 1.3, é "como árvore plantada junto a corrente de águas, que, no devido tempo, dá o seu fruto, e cuja folhagem não murcha; e tudo quanto ele faz será bem-sucedido [prosperará, virá a amadurecer]".

Quanto mais tempo você passa meditando na Palavra de Deus, mais colherá dela. Quanto mais você ler e ouvir a Palavra, mais poder e habilidade terá. Quanto mais você se empenhar em mergulhar na Palavra de Deus, mais revelação obterá dela.

Passe tempo esta noite meditando nos caminhos de Deus. Escolha um versículo que ministre a você e vá dormir pensando nele.

2 DE JUNHO

Um coração de criança

E disse: Em verdade vos digo que, se não vos converterdes (sem vos arrependerdes) e não vos tornardes como crianças (crédulas, humildes, amorosas, perdoadoras), de modo algum entrareis no reino dos céus. Portanto, aquele que se humilhar como esta criança (crédula, humilde, amorosa, perdoadora), esse é o maior no reino dos céus.

MATEUS 18.3-4

As crianças creem naquilo que ouvem. Algumas pessoas dizem que crianças são ingênuas, que elas acreditam em tudo, não importa quão ridículo isso pareça. Mas as crianças não são ingênuas, elas são crédulas. Faz parte da natureza da criança confiar, a menos que ela tenha experimentado algo que lhe ensine o contrário. Seu Pai celestial quer que você saiba que é um precioso pequenino, um filhinho para Ele, e que quando você vai a Ele como uma criança, demonstrando sua fé nEle, isso liberará o poder de Deus para cuidar de você.

Deus não é como as pessoas. Se as pessoas no seu passado o machucaram, não deixe isso afetar seu relacionamento com o Senhor. Você pode confiar nEle. Ele cuidará de você como um Pai amoroso.

3 DE JUNHO

Não temas

Sê forte e corajoso, não temas, não te desalentes.
1 CRÔNICAS 22.13

O temor mencionado acima é como o medo, e tal sentimento atrai tragédia. Essa é uma porta aberta para Satanás lhe trazer aquilo que você teme ou que o assusta. Em Deuteronômio 1.29-30, lemos as palavras de Moisés ditas aos filhos de Israel a respeito dos seus inimigos que habitavam na terra prometida: "Então, eu vos disse: não vos espanteis, nem os temais. O Senhor, vosso Deus, que vai adiante de vós, ele pelejará por vós, segundo tudo o que fez conosco, diante de vossos olhos, no Egito".

Deus não deu a você um espírito de medo (veja 2 Timóteo 1.7), e já que Ele não lhe deu medo, também não quer que você se espante com as situações. Jesus vai à sua frente (veja Hebreus 2.10), abrindo caminho para você. Quando algo parece impossível ou desagradável, confie nAquele que vai à sua frente preparando o caminho e recuse-se a viver em espanto e medo.

4 DE JUNHO

Estou bem e estou a caminho

Estou plenamente certo (convencido) de que aquele que começou boa obra em vós há de completá-la até ao Dia de Cristo Jesus [até o momento de seu retorno] desenvolvendo [essa boa obra], aperfeiçoando-a e levando-a à plena conclusão em vós.
FILIPENSES 1.6

Nenhum de nós já atingiu o alvo. Estamos em processo de transformação. Em Romanos 7, Paulo disse que havia boas coisas que ele queria fazer, mas não conseguia; e as coisas ruins que ele não queria fazer sempre se via fazendo-as. Ele disse que se sentia miserável. Você pode, provavelmente, compreender o que significa esse sentimento. Todos nós temos um longo caminho a seguir e Satanás parece gostar de nos lembrar disso diariamente.

Se você luta contra um constante sentimento de fracasso, adote uma nova atitude. Diga a si mesmo nesta noite: "Não estou onde precisava estar, mas graças a Deus não estou onde costumava estar. Estou bem e estou a caminho"!

Um ouvido obediente

> *Digo, porém: andai (e vivei habitualmente) no Espírito (Santo) [responsivos, controlados e guiados pelo Espírito] e jamais satisfareis (gratificareis) à concupiscência (anseios e desejos) da carne.*
>
> GÁLATAS 5.16

Alguns cavalos têm aquilo que seus treinadores chamam de "um ouvido obediente". Enquanto a maioria dos cavalos é guiada por um cabresto na boca, alguns são dirigidos pelo comando verbal. Um ouvido é sensível aos alertas naturais; o outro é sensível à voz de seu condutor.

Deus lhe ensina o que é certo, e cada dia você deve escolher o que fazer para seguir a Deus, a carne deve ouvir "não", e a carne sofre quando isso acontece. Você deve também compreender que pode haver momentos quando você está galopando apressadamente numa direção e o condutor lhe diz para parar e seguir outro caminho.

Como o cavalo com o "ouvido obediente" você deve seguir ao Senhor em todas as suas orientações. Você deve aprender a dizer "não" à carne e "sim" a Deus.

O fruto do Espírito

> *Mas o fruto do Espírito [Santo] é [a obra que sua presença em nós realiza é]: amor, alegria (satisfação), paz, longanimidade (paciência, equilíbrio), benignidade, bondade (benevolência), fidelidade, mansidão (gentileza, humildade), domínio próprio (autocontrole, continência).*
>
> GÁLATAS 5.22-23

Quando o Espírito Santo vive em nós, temos tudo o que Ele tem; seu fruto está em nós. A semente foi plantada. Deus dá a cada um de nós vários dons para usarmos, mas, para usar seus dons de forma mais poderosa como Ele deseja, você deve primeiramente permitir que o fruto cresça e amadureça dentro de você ao cultivá-lo. Cada vez que você escolhe operar no fruto do Espírito, ele cresce.

Quando você sabe o que Deus tem disponível para sua vida e libera sua fé ao caminhar nisso, o Espírito de Deus lhe dá o poder de que você precisa para produzir um bom fruto. Se você deseja desenvolver as qualidades de caráter de Deus em sua vida, que são o fruto do seu Espírito, viverá um tipo excepcional de vida que é reservada somente aos filhos e às filhas de Deus.

7 DE JUNHO

Ressurreição da morte

Disse, pois, Marta a Jesus: Senhor, se estiveras aqui, não teria morrido meu irmão.
JOÃO 11.21

O capítulo 11 de João registra a enfermidade e a morte de Lázaro, um amigo íntimo de Jesus. Quando Jesus chegou, Lázaro estava morto havia quatro dias. Como Marta, Maria também disse ao Senhor: "Se o Senhor estivesse aqui, meu irmão não teria morrido". (João 11.32.)

Todos nós nos sentimos assim algumas vezes. Sentimos que as coisas não estariam tão ruins se Jesus tivesse se manifestado antes. Os versículos 23-25 nos dizem como Jesus respondeu a essas palavras de desespero: "Teu irmão há de ressurgir... Eu sou a ressurreição e a vida. Quem crê em mim, ainda que morra, viverá".

Como Jesus prometeu, Ele chamou Lázaro para sair da sepultura e ele o fez, totalmente restaurado. Se Jesus pode ressuscitar um morto, certamente pode ressuscitar uma circunstância morta.

8 DE JUNHO

Faça apenas!

Fazei tudo sem murmurações (queixas e reclamações contra Deus, dúvidas e questionamentos) nem contendas (entre vós).
FILIPENSES 2.14

Quando seus sentimentos estão perturbados, você precisa impedi-los de governar sua vida. Você precisa submeter sua vontade àquilo que Deus lhe diz por intermédio da sua Palavra. Se você não sente vontade de ir à igreja, vá mesmo assim. Se não sente vontade de dar a oferta especial que Deus lhe disse para dar, faça-o mesmo assim. Se Deus lhe diz para dar algumas coisas que você preferia guardar, dê com alegria.

Se você realmente quer ser feliz e deseja a unção de Deus em sua vida, deve ser obediente à voz de Deus, a despeito do que pensa ou como se sente. Nem sempre temos de saber por que Deus quer que façamos algo. Precisamos reconhecer simplesmente o que Ele nos diz para fazer e então fazê-lo!

9 DE JUNHO

De dentro para fora

Produzi, pois, frutos dignos (que consistem em) de arrependimento (que suas vidas provem sua mudança de coração).

MATEUS 3.8

Nossa sociedade dá mais importância à aparência das coisas do que à verdadeira qualidade. Certa vez, vi algumas laranjas grandes e vistosas no supermercado e decidi comprar uma. Eu estava certa de que a laranja seria tão saborosa quanto parecia, mas, quando parti aquela bela fruta e experimentei um pedaço, estava seca e amarga.

Procurar ser interiormente tudo aquilo que você aparenta por fora é uma questão importante. Muitas pessoas estão procurando a Deus hoje, e há numerosos ensinos sobre como encontrá-Lo que parecem corretos. Como cristãos, precisamos nos certificar de que somos "verdadeiros", e não impostores. Somente assim as pessoas verão Jesus em nós e desejarão aquilo que temos.

10 DE JUNHO

Luz e vida

No princípio, (preparou, formou, moldou e) criou Deus os céus e a terra. A terra, porém, estava sem forma e vazia; havia trevas sobre a face do abismo, e o Espírito de Deus pairava por sobre as águas. Disse Deus: Haja luz; e houve luz. E viu Deus que a luz era boa (agradável); e fez separação entre a luz e as trevas.

GÊNESIS 1.1-4

Você vê um princípio espiritual operando nesses versículos: a luz se sobrepondo às trevas. A vida se sobrepondo às obras mortas opera da mesma forma. Manifeste a luz e as trevas fugirão. Manifeste vida e a morte fugirá.

Algumas pessoas lutam contra o diabo o tempo inteiro, e ao mesmo tempo falam palavras de morte sobre si mesmas e sobre sua situação.

Não somente você tem de vencer a morte e as trevas ao falar a Palavra à sua própria vida, mas também deve ser um efetivo intercessor pela vida de outros.

11 DE JUNHO

Um coração atento

Dá, pois, ao teu servo coração compreensivo para julgar a teu povo, para que prudentemente discirna entre o bem e o mal.
1 REIS 3.9

Jesus disse: "Vede que ninguém vos engane" (Mateus 24.4). A Bíblia diz que nos últimos dias o engano seria tão grande que mesmo o povo escolhido de Deus poderia ser enganado.

Haverá pessoas que dirão que são o Cristo, o Messias, bem como falsos profetas que enganarão e atrairão muitas pessoas. Eles até demonstrarão grandes sinais e maravilhas, e será muito o difícil dizer o que e quem é verdadeiro.

Você precisa de muito discernimento, e a Bíblia diz que pode obtê-lo se buscá-Lo. Deus quer que você Lhe peça sabedoria, conhecimento e compreensão. Ele quer lhe dar entendimento e discernimento.

Busque a Deus nesta noite e peça-Lhe essas coisas. Ele certamente o abençoará com um coração que ouve claramente e discerne o que é certo.

12 DE JUNHO

Permaneça firme

E não nos cansemos (desistamos e desanimamos) de fazer o bem (agir nobremente e fazer o que é certo), porque a seu tempo (na estação apropriada) ceifaremos, se não desfalecermos.
GÁLATAS 6.9

Terminado bem seu dia

Pense a respeito de Jesus. Imediatamente após ser batizado e cheio do Espírito Santo, Ele foi levado para o deserto para ser tentado por Satanás. Jesus não lamentou nem ficou desanimado ou deprimido. Ele não pensava ou falava negativamente. Jesus enfrentava cada prova confiantemente.

Você pode imaginar Jesus caminhando em Israel com seus discípulos reclamando sobre como as coisas eram difíceis? Você pode imaginá-lo lamentando sobre a grande dificuldade que seria ir para a cruz? Ou como era desconfortável atravessar as aldeias sem ter uma cama para dormir à noite.

Temos a mente de Cristo e podemos lidar com as coisas da maneira que Ele o fez: sendo mentalmente preparados com um "pensamento de vitória".

13 DE JUNHO

Pedras bem lançadas

E o Verbo (Cristo) se fez carne (humano, encarnado) e habitou (tabernaculou, montou sua tenda humana, viveu temporariamente) entre nós.

JOÃO 1.14

Jesus é a Palavra que se fez carne e habitou entre os homens. A Bíblia também se refere a Jesus como "a Rocha", ou uma pedra, como em Lucas 20.17, onde Ele também é chamado de "Pedra Angular". Se Jesus é a Palavra que se fez carne, e é a Rocha, então cada porção da Palavra é como uma pedra.

Foram dadas instruções aos israelitas sobre como lidar com seus inimigos em Deuteronômio 13.10: "Apedrejá-lo-ás até que morra, pois te procurou apartar do Senhor, teu Deus". Lembre-se que Davi derrotou Golias com uma pedra bem lançada.

Você também pode "atingir" seu inimigo, Satanás, de acordo com Deuteronômio 30.14: "Pois esta palavra está mui perto de ti, na tua boca e no teu coração, para a cumprires". Aprenda a Palavra e permita que o Espírito Santo lhe ensine como declará-la de maneira eficaz.

14 DE JUNHO

Provas difíceis

Regozijai-vos (e exultai) na esperança, sede (firmes e) pacientes na tribulação (e no sofrimento), na oração, perseverantes (constantes).

ROMANOS 12.12

Ouvi uma definição de paciência como o "fruto do Espírito que somente pode ser desenvolvido sob tribulação". Realmente, você não pode desenvolver a paciência de qualquer outra forma. Isso significa que a única maneira de desenvolver o fruto da paciência é estar do lado de pessoas desagradáveis que parecem deixá-lo louco; ou ficar preso num congestionamento; esperar nas filas intermináveis do supermercado; esperar por milagres; esperar por sua cura; esperar que as pessoas ao seu redor mudem; e esperar que você mesmo seja transformado.

Seja paciente consigo mesmo! Seja paciente com seu próprio crescimento espiritual. Seja paciente com Deus, caso Ele não tenha se manifestado no momento que você gostaria que Ele o fizesse. Seja paciente com as pessoas; seja paciente com suas circunstâncias. Seja paciente, porque na paciência você possuirá sua alma. Tiago 1.4 diz que o homem paciente é perfeito e íntegro, não tendo falta de nada.

15 DE JUNHO

Sobre todo o Nome

Para que ao nome de Jesus se dobre todo joelho, nos céus, na terra e debaixo da terra.
FILIPENSES 2.10

Falar o nome de Jesus e ter uma revelação sobre o poder que há nesse nome são duas coisas diferentes. Liberar o poder do nome de Jesus requer revelação sobrenatural. Quando você fala o nome de Jesus em fé, esse nome é tão poderoso que todo joelho deve se dobrar nos três reinos: no céu, na terra e debaixo da terra.

Pense sobre isto nessa noite: Jesus veio do mais alto céu; Ele esteve na terra; e desceu ao inferno, ou seja, sob a terra; e agora está assentado à direita do Pai, novamente no alto céu. Ele é aquele que a tudo enche em todas as coisas. Ele está assentado sobre tudo o que existe e tem um nome que é sobre todo o nome. Seu nome é o nome mais exaltado e mais poderoso, e esse nome nos foi dado!

16 DE JUNHO

Lance seu cuidado

Humilhai-vos [rebaixai-vos em sua própria consideração], portanto, sob a poderosa mão de Deus, para que ele, em tempo oportuno, vos exalte, lançando sobre ele toda a vossa ansiedade [cuidados, preocupações, interesses, de uma vez por todas], porque ele tem cuidado de vós (afetuosamente e atentamente).

1 PEDRO 5.6-7

Essa passagem das Escrituras diz que você deve se humilhar e não se preocupar. Ser preocupado significa ter uma mente agitada tentando encontrar solução para alguma situação. Uma pessoa que se preocupa pensa que, de alguma forma, ainda pode resolver seu próprio problema. Mas somente Deus pode libertá-lo, e em cada situação sua primeira reação deve ser apoiar-se nEle.

Quando o inimigo tenta trazer-lhe um problema, você tem o privilégio de lançá-lo a Deus. A palavra *lançar* realmente significa atirar ou arremessar. Podemos arremessar nossos problemas a Deus e Ele os apanhará. Ele sabe exatamente o que fazer com cada um deles.

17 DE JUNHO

Correção amorosa

Toda disciplina, com efeito, no momento não parece ser motivo de alegria, mas de tristeza (e sofrimento); ao depois, entretanto, produz fruto pacífico aos que têm sido por ela exercitados, fruto de justiça.

HEBREUS 12.11

Quando precisamos de correção – e todos nós precisamos dela uma vez ou outra –, é desejo de Deus que Ele mesmo nos corrija. Aquele a quem o Senhor ama Ele disciplina (veja Hebreus 12.6). A correção ou disciplina de Deus não é algo ruim; ela visa sempre ao nosso bem.

O fato de a disciplina visar ao nosso bem não significa que seja sempre agradável ou algo que você aprecie imediatamente. De fato, a correção pode ser uma das coisas mais difíceis para receber, especialmente quando vem por intermédio de outra pessoa. Mesmo se você tem problemas, não quer que outros saibam disso.

Geralmente Deus prefere nos corrigir particularmente, mas, se não aceitarmos sua correção, Ele usará todas as armas que estão à sua disposição. No caso de Balaão, Deus usou uma mula! Seja o que for que Deus decidir usar para nos corrigir, devemos nos submeter a Ele sabendo que Ele nos ama e tem somente nosso bem em mente.

18 DE JUNHO

Um caminho mais excelente

E também faço esta oração: que o vosso amor aumente mais e mais (e possa estender-se ao seu pleno desenvolvimento) em pleno conhecimento (que seu amor possa demonstrar-se em maior profundidade de entendimento e mais compreensivo discernimento).

FILIPENSES 19

Quando algo é abundante, significa que isso cresce e se torna tão grande que inunda e domina as pessoas, sobrepondo-se a elas. Essa é a forma como Paulo orou pela igreja para que o amor as inundasse. Ele disse: "Para (aprenderdes a perceber o que é vital) aprovardes (e valorizardes) as coisas excelentes (e de real valor)". (Filipenses 1.10.)

É muito importante ser uma pessoa de excelência, fazer melhor cada dia tudo o que você crê que Deus lhe pediu para fazer – fazer todo o trabalho com o melhor da sua habilidade. Você não conseguirá ser uma pessoa excelente sem caminhar em amor, e você não pode caminhar em amor sem ser uma pessoa excelente. Abundar em amor é a coisa mais excelente que você pode realizar.

19 DE JUNHO

O sol, a lua e estrelas

Uma é a glória do sol, outra, a glória da lua, e outra, a das estrelas; porque até entre estrela e estrela há diferenças de esplendor (pois uma difere da outra em sua beleza e brilho).

1 CORÍNTIOS 15.41

Todos nós somos diferentes. Como o Sol, a Lua e as estrelas, Deus nos criou para sermos diferentes uns dos outros, e Ele o fez com um propósito. Cada um de nós preenche uma necessidade, e todos nós somos partes do plano geral de Deus. Quando você se esforça para ser outra pessoa, não somente perde o foco de si mesmo, mas também entristece o Espírito Santo. Deus quer que você se ajuste ao plano dEle e não se sinta pressionado tentando se encaixar no plano destinado a outra pessoa.

Todos nós nascemos com temperamentos, características físicas, dons e habilidades diferentes. Seu alvo deve ser descobrir o propósito pessoal para sua vida e, então, ser bem-sucedido ao cumpri-lo. A diferença é algo bom!

20 de Junho

Declare a Palavra

> *As primeiras coisas, desde a antiguidade (que aconteceram em tempos passados a Israel), as anunciei; sim, pronunciou-as a minha boca, e eu as fiz ouvir; de repente agi, e elas se cumpriram.*
>
> Isaías 48.3

Observe o método de operação de Deus: primeiramente Ele declara as coisas e, depois, Ele as faz. Deus queria que Israel soubesse que era Ele quem estava operando as grandes obras na vida do Seu povo, e assim Ele as anunciou antecipadamente. Isso explica por que Deus enviou os profetas. Eles vieram falar antecipadamente as palavras inspiradas e orientadas por Deus, que traziam a vontade de Deus do reino espiritual para o reino natural. Mesmo Jesus não viria à Terra sem que primeiramente os profetas tivessem falado a respeito dEle centenas de anos antes.

Deus opera por intermédio de leis espirituais que Ele mesmo estabeleceu, e você não pode ignorá-las. Você foi criado à imagem dEle e deve seguir o exemplo dEle. Declare a Palavra de Deus em sua vida! Creia nela e observe Deus fazê-la cumprir-se.

21 de Junho

Um servo fiel

> *Assim, pois, importa que os homens nos considerem (a nós, apóstolos) como ministros de Cristo e despenseiros (fiéis) dos mistérios (secretos propósitos) de Deus. Ora, além disso, o que se requer (essencialmente) dos despenseiros é que cada um deles seja encontrado fiel (mostrando-se digno de confiança).*
>
> 1 Coríntios 4.1-2

Uma pessoa fiel sabe o que Deus colocou em seu coração e, embora possa se sentir cansada, não desiste. Ela não sai de um relacionamento porque se tornou difícil. Ela não deixa uma igreja porque há algo "novo" acontecendo em outro lugar, ou um emprego porque se tornou muito desafiador.

Uma das mais importantes lições que você pode aprender é ser fiel em algo até que Deus o faça saber que seu tempo ali terminou. Algumas vezes Deus o chamará para outro lugar, mas Ele não muda seu plano a todo o momento. Uma pessoa fiel é comprometida em fazer o que Deus lhe disse para fazer, não importa o que seja!

22 DE JUNHO

Não seja pego dormindo

Vigiai (despertai, atentai, acautelai-vos e estejais alerta) e orai, para que não entreis em tentação; o espírito, na verdade, está pronto, mas a carne é fraca.
MATEUS 26.41

Jesus queria que os discípulos orassem com Ele, mas eles adormeceram. Ele estava tentando prepará-los para as tribulações que se aproximavam. Ele estava dizendo: "Não durmam, orem! Vocês serão tentados além do que poderão suportar se não orarem".

Enquanto Jesus orava, um anjo aproximou-se e fortaleceu-O espiritualmente, capacitando-O a suportar a cruz. Mas os discípulos não oraram; eles dormiram e provaram que a carne verdadeiramente é fraca.

Seu espírito deseja fazer o que é certo, mas sua carne não ajudará. Sua carne governará sua vida se você não orar e pedir a Deus que o fortaleça no espírito dEle e o ajude a resistir à tentação. Sua carne pode estar cansada nesta noite, mas separe algum tempo em oração. Você não sabe quais provas podem vir amanhã.

23 DE JULHO

Assuma uma posição

Como é grande a tua bondade, que reservaste aos que te temem (reverenciam e adoram), da qual usas, perante os filhos dos homens, para com os que em ti se refugiam (e confiam)!
SALMOS 31.19

Terminado bem seu dia

A frase "diante dos filhos dos homens" significa que se você não for um cristão secreto, mas viver por Jesus abertamente diante dos outros, Deus demonstrará a bondade dEle sobre sua vida.

Muitos cristãos não se sentem confortáveis falando sobre sua fé. Todos nós temos momentos diante dos quais não assumimos uma posição ao lado de Deus como deveríamos. Talvez tenhamos medo de ser rejeitados, isolados ou ridicularizados. Pode parecer desagradável dizer: "Realmente não quero ouvir essas piadas sujas, sou cristão e não estou interessado em assistir a um filme imoral, ou ir para bares após o trabalho. Não gosto disso. Meu relacionamento com Deus é muito importante para mim".

Você não deve ser uma pessoa camuflada, um cristão sem convicção. Quando você assume uma postura totalmente comprometida com Cristo, Deus o recompensa publicamente.

24 DE JUNHO

Esperando pela bondade de Deus

Respondeu-lhe: Farei passar toda a minha bondade diante de ti ... Eis aqui um lugar junto a mim; e tu estarás sobre a penha. Depois, em tirando eu a mão, tu me verás pelas costas; mas a minha face não se verá.
ÊXODO 13.19,21-23

Em tempos de provação, Deus nos oculta em Cristo. Quando você está seguro na fenda da rocha, há provisão para suas necessidades. Pode não ser tudo o que você desejava, mas Ele lhe dará aquilo de que você precisa para enfrentar a situação.

Talvez você esteja enfrentando dificuldades e esperando para ver a glória de Deus se manifestar. Deus deseja mostrar a bondade dEle sobre sua vida. Ele o cobre com a sua mão e continuamente passa diante de você com a resposta. Você pode não vê-lo chegando, mas certamente perceberá quando Ele estiver ali!

Escolhas sábias

Portanto, vede prudentemente como andais, não como néscios (tolos), e sim como sábios (de forma determinada, digna e cuidadosa),
EFÉSIOS 5.15

Muitas vezes você pede a Deus que fale com você, mas, se Ele não responder com uma palavra específica, você ainda deve viver sua vida diária. Você toma decisões todos os dias, e Ele não o orientará em cada pequena escolha que você fizer. Quando você não tiver um *rhema* (palavra falada) de Deus, precisará usar a sabedoria para tomar boas decisões. Ele espera que você lide com algumas questões por si mesmo. Você não deve esperar a cada momento uma "grande palavra" de Deus.

Por exemplo, se você quer comprar algo e se pergunta se deveria fazê-lo, a primeira pergunta óbvia a fazer a si mesmo é: "Posso pagar por isso"? Se não pode, então a sabedoria diria: "Não compre"! A voz audível de Deus não é necessária quando a sabedoria já está gritando a verdade. Você precisa ser maduro o suficiente para fazer o que sabe que é certo.

A obra da paciência

Esperei confiantemente (e pacientemente) pelo Senhor; ele se inclinou para mim e me ouviu quando clamei por socorro.
SALMOS 40.1

Sempre que você se frustra e começa a tentar fazer as coisas acontecerem por sua própria força, esse é um sinal claro de que você não está sendo paciente com Deus. Você precisa praticar a espera em Deus e deixá-Lo fazer o que Ele quer fazer, do jeito e no tempo dEle. A melhor definição que já ouvi para paciência é "ser constante ou o mesmo em todo o tempo, não importa o que esteja acontecendo". A paciência não é meramente esperar, mas, sim, *como* se age enquanto se espera.

A coisa mais difícil para a maioria de nós como cristãos é esperar no Senhor. Você, sem dúvida, terá de esperar muitas vezes durante sua vida.

Terminado bem seu dia

Esperar não é uma opção, mas é durante os períodos de espera que as coisas mais poderosas acontecem dentro de nós.

27 DE JUNHO

Aprecie a jornada

Celebrai com júbilo ao Senhor, todas as terras. Servi ao Senhor com alegria, apresentai-vos diante dele com cântico.
SALMOS 100.1-2

Muitos cristãos estão seguindo em direção a algo, mas poucos estão desfrutando a viagem. Seria uma tragédia chegar ao final da sua jornada somente para perceber que você não desfrutou a vida em plenitude. Frequentemente, você pensa que deve fazer algo grande e se esquece das coisas simples que agradam ao Senhor.

Servir ao Senhor com alegria é um alvo que vale a pena. Ele se alegra quando o coração de seus filhos está cheio de alegria e seus lábios cheios de louvor.

Você deve ser determinado a concluir sua jornada, mas, como Paulo, você deve seguir o percurso com alegria. Seja qual for a estação da vida em que você se encontre, o que for que você seja chamado a fazer, onde tiver de ir, desfrute a jornada. Não desperdice um dia da preciosa vida que Deus lhe deu. Alegre-se no Senhor, alegre-se!

28 DE JUNHO

O amor não é um sentimento

Filhinhos, não amemos [meramente] de palavra, nem de língua, mas de fato e de verdade [em prática e sinceridade].
1 JOÃO 3.18

Esse versículo disse que o amor não é simplesmente uma teoria, um sentimento ou um doce sussurro; o amor é uma atitude. Muitas pessoas têm a crença errada de que o amor é um sentimento caloroso e vago. Eis por que você pensa que não pode amar alguém desagradável ou hostil. Mas a verdade é que o amor é uma ação, é fazer o que precisa ser feito em qualquer situação.

Desenvolver amor não é um esforço terrível, é simplesmente ser bom para as pessoas.

Separe alguns poucos minutos nesta noite para examinar sua vida e buscar a Deus um pouco mais a respeito da sua caminhada de amor. Quão amável você é com as pessoas? O que você está fazendo pelos outros? Como você tem tratado as pessoas que não o tratam muito bem?

Mude de atitude se você não tem expressado o amor de Deus aos outros por meio da alegria, da paz, da paciência, da bondade e da amabilidade. Não apenas fale sobre o amor, *caminhe* em amor!

29 DE JUNHO

Poder do céu

Mas recebereis poder (habilidade, eficiência e força), ao descer sobre vós o Espírito Santo, e sereis minhas testemunhas tanto em Jerusalém como em toda a Judéia e Samaria e até aos confins da terra.
ATOS 1.8

É possível encher um copo com a água sem usar sua plena capacidade. Da mesma forma, quando você nasce de novo, você tem o Espírito Santo em sua vida, mas pode não ter sido ainda totalmente cheio do Espírito. Muitos cristãos estão bastante ocupados fazendo coisas para Deus, mas sem poder suficiente em sua vida para ser o que Deus deseja.

Seguir movimentos e fórmulas religiosas é um desperdício de tempo. Você deve ter a revelação de que Jesus vive dentro de si e permitir que Ele o transforme e o faça uma nova criatura em Cristo.

Não reserve Deus simplesmente para as emergências e para os domingos pela manhã. Permita que Ele trabalhe livremente em cada área da sua vida por intermédio do poder do Espírito Santo.

30 DE JUNHO

Um plano melhor

Sabemos (temos certeza) que (sendo Deus nosso parceiro em nosso trabalho) todas as coisas cooperam (ajustam-se num plano) para o bem daqueles que amam a Deus, daqueles que são chamados segundo o seu propósito.
ROMANOS 8.28

Observe que Paulo não disse que todas as coisas são boas, mas que todas as coisas cooperam juntamente para o bem. Paulo também disse em Romanos 12.16: "Prontamente ajuste-se (às pessoas ou coisas)".

Você tem de aprender a tornar-se o tipo de pessoa que planeja as coisas, mas não se abala se seu plano não funcionar.

Talvez seu carro não funcione amanhã pela manhã. Você pode pensar: "Eu sabia! Meus planos sempre fracassam"! Ou você pode dizer a si mesmo: "Bem, chegarei mais tarde no trabalho, quando o carro estiver pronto. Provavelmente, há alguma razão para permanecer em casa mais tempo hoje e, portanto, vou aproveitar meu tempo aqui". Relaxe e confie em Deus para operar todos os detalhes de sua vida. O plano dEle é sempre melhor.

1º DE JULHO

Tenha bom ânimo

No mundo, passais por aflições (tribulações, provas e frustrações); mas tende bom ânimo [tende coragem, confiança, segurança, intrepidez]!; eu venci o mundo [Privei o mundo do poder de derrotar-vos e o venci por vós].

JOÃO 16.33

A vida no mundo de hoje pode ser estressante e frustrante, mas, como cristão, você não tem de agir conforme o sistema do mundo. Sim, você enfrentará dificuldades e provações, mas pode recusar-se a ficar agitado, perturbado e inquieto (veja João 14.27). Mesmo em meio aos seus problemas, você pode ser feliz, confiante, animado e corajoso. Essas são boas notícias!

Quando você chega ao final de um dia cansativo e frustrante, é bom passar tempo com Deus, agradecendo-Lhe por ter vencido o mundo em seu favor. Refletir na bondade de Deus acalmará seu espírito e o preparará para uma tranquila noite de descanso.

2 DE JULHO

Escolha suas palavras cuidadosamente

Não saia da vossa boca nenhuma palavra torpe (corrompida e desonrosa, maligna, indigna e imoral), e sim unicamente a que for boa (e benéfica) para edificação

(e progresso espiritual), conforme a necessidade (ajustada à ocasião), e, assim, transmita graça (e bênção) aos que ouvem.
EFÉSIOS 4.29

Como cristão, você tem uma grande responsabilidade com respeito às palavras que diz. A Bíblia diz que as palavras são contêineres de poder, sejam criativas ou destrutivas. Você pode derrubar ou edificar as pessoas ao seu redor por aquilo que você diz.

Há muito desencorajamento vindo do mundo, mas você tem o grande privilégio de encorajar os outros ao ser positivo num mundo negativo.

Isso pode ser difícil, e, portanto, eu o encorajo a pedir a Deus que o ajude a escolher palavras que tragam mudanças positivas na vida de outros e na sua vida também!

3 DE JULHO

Dê tempo a si mesmo

Estou plenamente certo (convencido) de que aquele que começou boa obra em vós há de completá-la até ao Dia de Cristo Jesus [até o momento de seu retorno] desenvolvendo [essa boa obra], aperfeiçoando-a e levando-a à plena conclusão em vós.
FILIPENSES 1.6

Se você considera difícil gostar de si mesmo, não é o único a ter esse tipo de sentimento. Lutei contra a auto-rejeição durante muito tempo e descobri que muitos outros também lutam com essa mesma questão. Mas esse não é o plano de Deus. Ele não quer que você se sinta temeroso ou inseguro, bem como seja consumido em alcançar a perfeição com a esperança de ser considerado alguém de valor.

Deus é o único que pode aperfeiçoar a boa obra que começou em sua vida, mas leva algum tempo. Durante esse processo Ele quer que você reconheça que está fazendo progresso. Assim, dê tempo a si mesmo e diga: "Estou bem e estou a caminho".

4 DE JULHO

Alegre-se

A ansiedade no coração do homem o abate, mas a boa palavra o alegra.
PROVÉRBIOS 12.25

Se você luta contra a ansiedade, deve conhecer a inquietação, a preocupação e o sentimento de opressão que vêm juntamente com isso. Frequentemente há um sentimento generalizado de medo que não tem uma causa ou fonte específica.

Muitas coisas sérias estão ocorrendo no mundo, e você precisa estar consciente e preparado para isso, mas você também precisa aprender a relaxar e lidar com as coisas quando acontecerem, sem se tornar descontrolado ou ficar agitado.

Você precisa aprender como desfrutar a boa vida que Deus lhe proveu por intermédio da morte e ressurreição do seu Filho Jesus Cristo (veja João 10.10). Assim, da próxima vez que você for tentado a ficar ansioso ou agitado, pense sobre o que você está fazendo e encontre algo sobre o qual se alegrar. Converse consigo mesmo sobre todas as coisas boas que Deus tem realizado em sua vida.

5 DE JULHO

Deixe Deus edificar sua casa

Se o Senhor não edificar a casa, em vão trabalham os que a edificam; se o Senhor não guardar a cidade, em vão vigia a sentinela. Inútil vos será levantar de madrugada, repousar tarde, comer o pão que penosamente granjeastes; aos seus amados ele o dá enquanto dormem.
SALMOS 127.1-2

Como um adulto responsável que trabalha bastante para fazer as coisas da forma certa e tenta construir uma vida digna para si mesmo e para sua família, você pode algumas vezes se esquecer que Deus é o verdadeiro edificador.

É certo você trabalhar e prover as coisas materiais de que precisa na vida, mas somente Deus pode edificar você em tudo aquilo que você deve ser. Isso somente pode acontecer quando você se rende plenamente a Ele e permite que Ele realize sua obra.

Somente o Espírito pode levá-lo a crescer na perfeição de Cristo. Ele começou uma boa obra em você e a completará. Assim, coopere com o Edificador e desfrute as bênçãos de ser amado, mesmo enquanto dorme.

6 DE JULHO

Creia em Deus

Ouvimos da vossa fé em Cristo Jesus (a entrega de toda vossa personalidade humana a Ele, em absoluta confiança e fé em seu poder, sabedoria e bondade) e do amor que tendes (e mostrais) para com todos os santos (pessoas consagradas a Deus).
COLOSSENSES 1.4

Ter fé é apoiar todo o ser em Deus em absoluta confiança. Isso significa que precisamos depender completamente de Deus, crendo que somente Ele pode realizar sua vontade e seu propósito divinos em nossa vida. Nosso único trabalho é permanecer nEle por intermédio da fé.

O texto de João 6.29 diz: "A obra (o serviço) de Deus (que Deus pede de vós) é esta: que creiais (confieis, apegai-vos e tenhais fé) naquele que por ele foi enviado (seu Mensageiro)".

Enquanto você se aquieta diante de Deus no final do seu dia, creia e apoie-se completamente nEle em absoluta confiança e fé.

7 DE JULHO

Reconheça a Deus

Reconhece-o (conheça-o e reconheça-o) em todos os teus caminhos, e ele endireitará (direcionará e aplainará) as tuas veredas.
PROVÉRBIOS 3.6

Reconhecer Deus em todos os nossos caminhos significa submeter a Ele todos os nossos planos e permitir que Ele opere de acordo com Sua vontade em nossa vida.

Ele quer que você venha a conhecê-lo, bem como o poder da Sua ressurreição. (Veja Filipenses 3.10.)

É um sinal de maturidade buscar a Deus por aquilo que Ele é, e não somente por aquilo que Ele pode fazer em sua vida. Assim, enquanto você para no final do seu dia, busque a face de Deus (a sua presença) e procure conhecer melhor seu maravilhoso e amoroso Pai celestial. Reconheça Seu poder e experimente a alegria de caminhar nas veredas que Ele preparou para você.

Terminado bem seu dia

Um tempo para tudo

Tudo tem o seu tempo determinado, e há tempo para todo propósito debaixo do céu:
ECLESIASTES 3.1

Se parece que você tem de lutar para sempre com coisas negativas em sua vida, não se desespere. Há um tempo e estação para tudo, e as coisas ruins finalmente abrirão espaço para coisas melhores.

Mesmo as coisas boas que acontecem em sua vida podem não permanecer exatamente as mesmas, porque as coisas estão sempre mudando. Algumas mudanças são empolgantes e algumas são difíceis. Mas Jesus nunca muda, e enquanto você mantiver seus olhos nEle enfrentará as mudanças em sua vida e continuará crescendo.

Seja cuidadoso em não ser tão apegado a pessoas, a lugares, a posições ou coisas, mas esteja sempre livre para mover-se com o Espírito. Deixe o que ficou para trás e prossiga para aquilo que está adiante (veja Filipenses 3.13-14). Siga em direção ao novo horizonte que Deus tem para sua vida. Você ficará satisfeito se o fizer.

Entregue-se a Deus

Por isso, também os que sofrem (e são maltratados) segundo a vontade de Deus (façam o que é certo e) encomendem a sua alma (em confiança, como através de um depósito) ao fiel Criador (que nunca os deixará), na prática do bem.
1 PEDRO 4.19

Da mesma forma que você deposita dinheiro no banco, confiando-o ao cuidado daquela instituição, você deve entregar-se nas mãos de Deus, confiando nEle para cuidar de você. Quando você orar esta noite, libere a si mesmo e tudo que diz respeito a você nas mãos de Deus.

Se você passa muito tempo tentando cuidar de si mesmo e assegurando-se de que ninguém mais tirará vantagem de você, que não tem tempo nem para desfrutar sua vida, é tempo de entregar-se nas mãos de Deus. Você pode confiar nEle, pois Ele nunca falha.

10 DE JULHO

Ofereça sacrifícios de louvor

Por meio de Jesus, pois, ofereçamos a Deus, sempre, sacrifício de louvor, que é o fruto de lábios que (com gratidão e reconhecimento) confessam (e glorificam) o seu nome.
HEBREUS 13.15

A Bíblia ensina que você deve reconhecer e glorificar a Deus e oferecer sacrifícios de louvor, a despeito do que possa estar enfrentando. Talvez você esteja passando por problemas em sua vida e tenha orado e confiado em Deus para satisfazer uma necessidade, mas ainda nada mudou. Enquanto você espera pela resposta, esse é um tempo perfeito para oferecer um sacrifício de louvor.

É fácil louvar a Deus quando tudo está bem, mas quando você O reconhece e O glorifica em meio a uma situação problemática, esse é um sacrifício e não passará despercebido.

Assim, ofereça um sacrifício de louvor enquanto você passa tempo com Deus no final deste dia.

11 DE JULHO

Você pode passar no teste

Meus irmãos, tende por motivo de toda alegria o passardes por várias provações, sabendo que a provação da vossa fé, uma vez confirmada, produz. Ora, a perseverança deve ter ação completa, para que sejais perfeitos e íntegros, em nada deficientes.
TIAGO 1.2-4

Quando a vida é cheia de provas e tribulações, você algumas vezes sente vontade de entregar os pontos. Você é tentado a pensar que Deus não sabe onde você está e o que está enfrentando, ou que Ele não se importa com você.

Mas Deus permite testes em sua vida para que você possa ser abençoado. Se você for fiel, verá bons resultados.

Se você quer desfrutar sua vida cristã e ser usado por Deus para ajudar os outros, você deve manter uma boa atitude durante o tempo de provas. Assim, coopere com Deus e tome uma atitude de fé e passará no teste com êxito.

12 DE JULHO

Pratique a presença de Deus

> *Respondeu-lhe: A minha presença irá contigo, e eu te darei descanso.*
> ÊXODO 33.14

Essa foi a resposta de Deus quando Moisés lhe perguntou sobre os detalhes da missão que ele recebera e como ele poderia conhecer melhor a Deus. O Senhor simplesmente assegurou a Moisés que estaria com ele e lhe daria descanso. Isso era considerado por Deus um grande privilégio. Para Ele, isso era tudo de que Moisés precisava.

O que era verdade para Moisés é verdade para você. Tanto quanto conhecer os planos de Deus e Seus caminhos para sua vida, você deve realmente saber que a presença dEle estará com você onde quer que for enviado e naquilo que Ele lhe der para realizar.

Assim, quando você se preocupar porque as coisas não estão acontecendo da forma que você esperava, apenas lembre-se de que a presença de Deus está com você e desfrute o descanso que Ele prometeu lhe dar.

13 DE JULHO

Aprenda a esperar com paciência

> *Para que não vos torneis indolentes, mas imitadores daqueles que, pela fé e pela longanimidade, herdam as promessas.*
> HEBREUS 6.12

Experimentar tribulações enquanto você está esperando receber algo que Deus lhe prometeu pode ser muito difícil. Mas quando você compreende como é importante esperar, vale a pena. Esse versículo em Hebreus diz que você herda as promessas de Deus somente por intermédio da fé e da paciência.

Quando você enfrenta tribulações, você cresce, ou, ao menos, deveria crescer, aprendendo a exercitar a paciência. Deus não muda, e Ele diz que você recebe as promessas por intermédio da fé e da paciência. Assim você deve adaptar seus caminhos aos caminhos do Senhor. Fazer as coisas da maneira que Deus deseja vai lhe trazer paz e alegria em qualquer situação.

A paciência é fruto do Espírito e um poderoso testemunho para os outros. Assim, quando você experimentar uma tribulação, exercite a paciência. É como um músculo: quanto mais você usa, mais forte ele fica.

14 DE JULHO

Seja transformado, não conformado

E não vos conformeis com este século, mas transformai-vos pela (inteira) renovação da vossa mente, para que experimenteis qual seja a boa, agradável e perfeita vontade de Deus.
ROMANOS 12.2

A vontade de Deus para você é a transformação, o que toma lugar de dentro para fora, e não a conformação, que é a ideia externa e superficial de como você deveria ser, ou seu próprio esforço para conformar-se a essas ideias, expectativas e exigências dos outros.

Frequentemente o mundo quer conformar-nos aos seus limites e colocar-nos dentro deles. Mas isso não funciona, porque esses limites não foram planejados por Deus.

A maioria das pessoas pensa que você deveria fazer o que elas fazem e que você deve fazer parte daquilo que elas planejam. Isso seria maravilhoso se Deus concordasse, mas, quando Deus diz "não", também devemos dizer "não".

Neste momento de quietude, determine que você não se conformará com o desejo de seus amigos e parentes, mas será transformado e dirigido pelo Espírito de Deus.

Terminado bem seu dia

15 de Julho

Viva no presente

Mas Jesus imediatamente lhes disse: Tende bom ânimo! Sou eu. Não temais!
Mateus 14.27

Essa foi a resposta de Jesus para os discípulos quando eles encontraram uma tempestade. Ele disse: "Eu estou com vocês neste momento, e vocês devem ter fé de que tudo terminará bem".

Eis como você deve viver sua vida com a fé no "agora". Hoje você pode ter fé de que todos os seus erros de ontem podem ser cuidados por Deus. Você também pode ter fé hoje de que seu amanhã será cuidado por Deus quando o amanhã chegar. Mas não desperdice o hoje preocupando-se com o ontem ou com o amanhã. Jesus é o grande "Eu Sou" e Ele está aqui para ajudá-lo hoje!

Deus quer que você viva hoje. Preocupar-se sobre ontem ou sobre o amanhã rouba seu hoje. Mas o grande Eu Sou lhe dará graça suficiente para hoje. A graça para ontem já foi utilizada e a graça para amanhã ainda não chegou, nem chegará até amanhã. Assim, use o favor e o poder do Espírito Santo para fazer a vontade dEle agora mesmo.

16 de Julho

Ame com seus pensamentos

Porque, como imagina em sua alma, assim ele é.
Provérbios 23.7

Você comete um erro quando considera que seus pensamentos não afetam outras pessoas. Você pode frequentemente perceber os pensamentos dos outros, mas eles também podem perceber seus pensamentos.

Os pensamentos não somente afetam os outros, mas também afetam você de forma tremenda. Esse versículo em Provérbios ensina que você se torna de acordo com aquilo que pensa.

Se você tiver pensamentos amorosos se tornará amoroso, mas frequentemente pensamos coisas sobre as pessoas que nunca deveríamos dizer-lhes, e nem percebemos que mesmo nossos pensamentos podem afetá-las. É virtualmente impossível tratar as pessoas de forma amorosa se você pensar de forma hostil a respeito delas.

Essa é uma boa lição para você. É possível pecar em pensamento, palavras ou obras; assim, se você quer ser uma pessoa amorosa, deve escolher pensar coisas boas sobre as outras pessoas. Aprenda a amar com seus pensamentos, e isso será bom para você e para os outros.

17 DE JULHO

Siga a Sabedoria

Eu, a Sabedoria, habito com a prudência e disponho de conhecimentos e de conselhos.
PROVÉRBIOS 8.12

Há muita revelação contida nesse pequeno versículo, que você faria bem em explorar.

Nas Escrituras, ser prudente significa ser um bom mordomo ou gerente dos dons que Deus lhe deu para usar. Esses dons incluem tempo, energia, força e saúde, assim como recursos materiais.

Cada um de nós recebeu diferente conjunto de dons e tem diferentes habilidades para manuseá-los. É sua responsabilidade pessoal desenvolver a maneira como melhor utilizará seus dons. Você faz isso ao ouvir a Deus e obedecer ao que Ele diz.

Seguir a Sabedoria é uma excelente escolha que trará muitas bênçãos em sua vida!

18 DE JULHO

Aceite e compartilhe o amor de Deus

Nós amamos porque ele nos amou primeiro.
1 JOÃO 4.19

Mais que tudo, você precisa da revelação do amor de Deus por você de forma pessoal. O amor de Deus é o fundamento para sua fé, sua libertação do pecado e sua habilidade para ministrar aos outros sem temor ou insegurança.

Deus nos fez com o desejo em nosso coração de sermos amados. E a Palavra nos assegura que Deus nos ama. Contudo, muitas pessoas falham em aceitar o amor de Deus por acreditar que cansaram a Deus por causa de suas falhas. Você não consegue fazer com que Deus não o ame. O amor não é algo que Deus faz, é algo que Ele é. (Veja 1 João 4.8.)

Enquanto você medita no amor de Deus no final deste dia, aceite esse amor e expresse seu próprio amor por Ele. Então, quando você sair amanhã e todo dia, compartilhe esse amor com os outros.

19 DE JULHO

Centralize-se em Deus, e não no medo

Não temas, porque eu sou contigo (não fique olhando ao seu redor em terror, até desfalecer); não te assombres, porque eu sou o teu Deus; eu te fortaleço, e te ajudo, e te sustento (nas dificuldades) com a minha destra fiel... Porque eu, o Senhor, teu Deus, te tomo pela tua mão direita e te digo: Não temas, que eu te ajudo.

ISAÍAS 41.10,13

Note que essa passagem diz que você não deve olhar ao seu redor em temor ou se espantar. Quando você olha para suas circunstâncias até se atemorizar, está cometendo um erro. Contudo é essa a única coisa que as pessoas fazem.

Quanto mais você firma seus olhos e sua boca no problema, mais amedrontado você se torna. Em vez disso, você deve focar-se em Deus, que é capaz de lidar com tudo o que você terá de enfrentar. Ele prometeu fortalecê-lo diante das dificuldades.

Não importa quão grandes e importantes ou pequenos e insignificantes sejam seus medos, Deus está lhe dizendo: "Não tema; Eu ajudo você".

20 DE JULHO

Confie em Deus, não em si mesmo

Confia (creia e apoie-se) no Senhor de todo o teu coração (e mente) e não te estribes no teu próprio entendimento (compreensão e percepção).

PROVÉRBIOS 3.5

Quando você enfrenta tempos de crise na vida, precisa de direção. O seu raciocínio humano não trará a resposta, somente aumentará a confusão. Mas Deus lhe trará direção se você confiar nEle.

Essa verdade, algumas vezes, é difícil de praticar porque sua natureza humana quer compreender tudo. Você quer que as coisas façam sentido, mas o Espírito Santo pode levá-lo a ter paz sobre coisas que não fazem qualquer sentido à sua mente natural.

Se você está ferido por causa das crises de sua vida, não deve tornar-se irado com Deus. Ele é o único que pode ajudá-lo. Somente Ele pode trazer o conforto duradouro e a cura de que você precisa. Assim, continue a crer na bondade de Deus e apoie-se, confie e tenha fé nEle.

21 DE JULHO

Desista disso

A ti, Senhor, elevo a minha alma.
SALMOS 25.1

Esse é um versículo muito curto, mas poderoso. De fato, ele traz resposta para toda sua vida: entregue tudo ao Senhor.

Isso não significa que você deve levar a Ele apenas suas preocupações e problemas, mas que você deve entregar-lhe sua existência e tudo que diz respeito a você. Apegar-se a essa verdade o libertará da fraqueza e do sentimento de desejar desistir.

Eu costumava me desgastar ao preparar minhas reuniões. Eu trabalhava tão intensamente para estar certa de que tudo estaria bem que chegava à exaustão por minha própria culpa. Então, aprendi que tudo o que tenho de fazer é entregar a Deus minha vida e tudo que diz respeito a ela. Quando nos rendemos a Ele, sua paz nos enche.

Enquanto você orar nesta noite, entregue sua vida a Deus e experimente a liberdade de saber que em tudo que você enfrentar, seja bom ou ruim, Ele estará no controle.

22 DE JULHO

Desfrute a vida diária

Ide... não vos entristeçais, porque a alegria do Senhor é a vossa força.
NEEMIAS 8.10

Passei muito tempo até aprender a desfrutar minha vida. A frase-chave é a *minha* vida. Percebi que não posso cobiçar a vida de qualquer outra pessoa, mas usufruir a minha. Isso não foi fácil, e ainda estou aprendendo. Mas de uma coisa sei: que a vontade de Deus para você é que você desfrute a vida que Ele lhe deu. A alegria do Senhor é sua força e você deve tomar a decisão de desfrutar a vida diária.

Usufruir a vida não significa que você tem algo empolgante acontecendo o tempo todo, mas significa simplesmente que você desfruta as coisas simples do dia a dia. A maior parte da vida é feita de coisas corriqueiras, mas você é sobrenaturalmente equipado com o poder de Deus para viver a vida comum de maneira extraordinária.

Viva a vida em plenitude e seja uma testemunha do poder de Deus que está disponível para todos.

23 DE JULHO

Mantenha-se olhando para Jesus

Corramos, com perseverança (resistência paciente, firmeza, e ativa persistência), a carreira que nos está proposta, olhando firmemente (tirando os olhos de tudo que nos distrai) para... Jesus... Considerai, pois, atentamente, aquele que suportou tamanha oposição dos pecadores contra si mesmo, para que não vos fatigueis (enfraqueçais, desanimeis, relaxeis), desmaiando em vossa alma (vossa mente).

HEBREUS 12.1-3

Não existe qualquer talento especial em desistir, parar no acostamento da estrada da vida e dizer: "Chega"! Qualquer incrédulo pode fazer isso.

Mas uma vez que você se apoia em Jesus, ou melhor, que Ele o sustenta, o Senhor começa a injetar força, energia e coragem em sua vida, e algo estranho e maravilhoso começar a acontecer. Ele não o deixará desistir!

Você pode dizer: "Senhor, não quero prosseguir"! Mas Ele não o deixará desistir, mesmo se você quiser. Assim, mantenha-se olhando para Jesus e siga o exemplo dEle. Quando o fizer, você se manterá prosseguindo, não importa o que aconteça em seu caminho.

24 DE JULHO

Viva na liberdade de Deus

Não nos julguemos mais uns aos outros; pelo contrário, tomai o propósito de não pordes tropeço ou escândalo ao vosso irmão.
ROMANOS 14.13

Há muitas coisas que você não pode fazer, mas há numerosas coisas que você pode fazer, e bem. Você não tem de comparar a si mesmo ou suas habilidades e realizações com as de outros. Você é livre para seguir o plano de Deus em sua vida.

Cada um de nós deve ter a liberdade de ser dirigido por Deus. Temos até mesmo o direito de cometer nossos próprios erros e aprender com eles.

Se você permitir que outras pessoas se tornem uma lei em sua vida, fazendo-o pensar que você deve ser como elas, isso roubará sua alegria por sua própria culpa. Por outro lado, você não deve julgar os outros e esperar que sejam como você.

Determine-se agora a desfrutar a liberdade de viver na vontade de Deus e permita que os outros vivam também essa liberdade.

25 DE JULHO

Você é uma nova criação

E, assim, se alguém está (enxertado) em Cristo, (o Messias) é nova criatura (totalmente uma nova criação); as coisas antigas (a condição prévia moral e espiritual) já passaram; eis que se fizeram novas (as coisas novas e frescas chegaram).
2 CORÍNTIOS 5.17

Quando você nasce de novo, Deus o consagra e o dedica a uma finalidade nobre e diferente: aquela para a qual você foi planejado a princípio. Você tem uma nova oportunidade de servir.

Quando Cristo vem viver em você, uma semente imperecível é plantada em sua vida. Tudo de que você precisa para ser completamente saudável e íntegro está nela. E se está nela, está em você. Mas ainda está em forma de semente, e sementes têm de ser regadas e nutridas para crescer e produzir frutos.

Terminado bem seu dia

Você faz isso ao ler e estudar a Palavra de Deus e ser um praticante da Palavra. Não deixe a semente permanecer adormecida dentro de você. Seja a nova criação que Deus planejou.

26 DE JULHO

Descanso para sua alma

Vinde a mim, todos os que (trabalhais e) estais cansados e sobrecarregados, e eu vos aliviarei (Eu vos reconfortarei, socorrerei e restaurarei suas almas).
MATEUS 11.28

Assim como você pode se envolver com muitas atividades externas, pode também se envolver com excesso de atividades internas. Deus não quer que você apenas entre no descanso físico, mas que sua alma descanse também.

Para mim, encontrar descanso, alívio, refrigério, renovação, recreação e uma quietude abençoada para minha alma significa livrar-me de qualquer atividade mental. Isso significa não ter de tentar imaginar o que deveria fazer sobre algo em minha vida ou conseguir as respostas que não tenho; não ter de me preocupar, mas em vez disso, permanecer num lugar de quietude.

No final de um dia exaustivo, você pode experimentar esta paz e descanso ao ir a Cristo e permitir que Ele alivie e refrigere sua alma. Que privilégio maravilhoso!

27 DE JULHO

Amem-se uns aos outros

O amor seja sem hipocrisia (sincero). Detestai o mal (repugnem toda impiedade, afastem-se horrorizados de toda pecaminosidade), apegando-vos ao bem. Amai-vos cordialmente uns aos outros com amor fraternal, preferindo-vos (dando precedência) em honra uns aos outros.
ROMANOS 12.9-10

Como cristão, você tem de amar, sinceramente, o mesmo tipo de amor de Deus. Deus nem sempre ama a forma como as pessoas agem ou as coisas que elas fazem, mas sempre ama as pessoas.

Deus o chama para ter esse mesmo tipo de amor. Você não tem de gostar de tudo que alguém faz; de fato, a Palavra de Deus diz para você se afastar da impiedade, mas é sua responsabilidade cristã seguir o exemplo de Cristo. Quando você reconhece que todos são criação de Deus, é fácil obedecer às ordens do Senhor para amar e honrar as pessoas.

Você deve ter uma atitude amorosa diante das pessoas, uma atitude cheia de misericórdia, bondade e amor sincero. Isso nem sempre é fácil, mas Deus proverá a força de que você precisa para mostrar o tipo de amor dEle aos outros.

28 DE JULHO

Prepare-se para a promoção

Amados, não estranheis o fogo ardente que surge no meio de vós, destinado a provar vos, como se alguma coisa extraordinária vos estivesse acontecendo; pelo contrário, alegrai-vos na medida em que sois coparticipantes dos sofrimentos de Cristo, para que também, na revelação de sua glória, vos alegreis exultando.
1 PEDRO 4.12-13

Provações dolorosas fazem parte da vida, mas Deus o ama e o ajudará a crescer por intermédio delas. Cada desafio que você enfrenta na vida faz parte do seu processo de amadurecimento, processo que determina quando você estará pronto para ser promovido para o próximo nível.

As tribulações fortalecem seus músculos espirituais: a fé, a perseverança e a longanimidade. Elas são oportunidades para experimentar por experiência própria a fidelidade de Deus e mostrar sua habilidade de alegrar-se enquanto compartilha os sofrimentos de Cristo.

As tribulações vêm e vão, mas o desenvolvimento do caráter piedoso, isto é, sua maturidade espiritual pessoal que ocorre durante o processo, torna você um candidato digno da promoção que Deus planejou!

Terminado bem seu dia

29 de Julho

Tornando-se a justiça de Deus

Aquele que não conheceu pecado, ele o fez pecado por nós; para que, nele, fôssemos feitos justiça de Deus.
2 Coríntios 5.21

Esse versículo lhe dá motivo para uma grande alegria, mas o inimigo tenta roubar sua alegria ao mostrar que você não está à altura do padrão de Deus. É quando você deve ousadamente declarar que Deus começou uma boa obra em sua vida e você está em processo de transformação.

Quando você é salvo, não há nada que possa fazer para Deus amá-lo mais ou menos do que Ele já ama.

Isso não significa que você não pecará mais ou que quando falhar poderá simplesmente desprezar seu pecado. Isso simplesmente significa que Deus o ama mesmo enquanto você está no processo de tornar-se como Cristo. Você não chegou lá ainda, mas está fazendo progressos.

Deus compreende que crescimento e aprendizado são um processo e Ele quer que você desfrute a si mesmo enquanto está a caminho para alcançar o alvo.

30 de Julho

Durma em paz

Em paz me deito e logo pego no sono, porque, Senhor, só tu me fazes repousar seguro (e em fé confiante).
Salmos 4.8

No silêncio da noite, após um longo dia, não é incomum pensar e ponderar sobre os eventos do dia. Mas pensamentos podem ser perturbadores, especialmente se você enfrentou problemas que permaneceram não resolvidos.

Algumas vezes, tais pensamentos não são fáceis de ser deixados de lado e podem ameaçar uma noite tranquila de sono. Mas permanecer acordado e preocupando-se não mudará ou resolverá a situação de forma alguma.

Esse é um bom momento para você compartilhar seus problemas com Deus e pedir a ajuda dEle. Ele fala em sua Palavra para lançarmos nossos cuidados a Ele, e assim você pode entregar seus pensamentos a Deus e confiar nEle para trazer a solução. E, então, deite-se e durma em paz.

31 DE JULHO

Tenha bons pensamentos de forma determinada

E vos renoveis (constantemente) no espírito do vosso entendimento [tendo uma atitude nova mental e espiritualmente],
EFÉSIOS 4.23

Sabemos que podemos escolher tomar decisões corretas quando Deus está renovando nossa mente com uma nova atitude. Por exemplo, sabemos que amar não é necessariamente um sentimento, mas uma decisão. Devemos também escolher pensar coisas boas sobre as pessoas. Pare um momento e pense coisas boas sobre alguém que você conhece e veja como se sentirá muito melhor.

Pensar coisas boas abre a porta para Deus manifestar seu bom plano em sua vida. Assim, se você tem cooperado com o Espírito Santo para quebrar velhos padrões de pensamento e formar novos hábitos, esse tempo já começou.

Pense coisas boas sobre as pessoas de forma determinada e, quando sua atitude começar a mudar com relação aos outros, seus relacionamentos também começarão a mudar para melhor.

1º DE AGOSTO

A vida da formiga

Mas esmurro o meu corpo [como um boxeador] e o reduzo à escravidão [tratando-o severamente, disciplinando-o duramente], para que, tendo pregado a outros, não venha eu mesmo a ser desqualificado [não suportando o teste, sendo reprovado e rejeitado como um impostor].
1 CORÍNTIOS 9.27

Paulo está falando aqui sobre o domínio próprio, autonegação, restrição do apetite e controle da carne. A autodisciplina significa manter-se na direção certa, sem que alguém o obrigue a fazê-lo. O problema é que algumas pessoas têm a ideia errada de que tudo na vida deve ser fácil.

Provérbios 6.6-8 fala sobre a formiga: "Vai ter com a formiga, ó preguiçoso, considera os seus caminhos e sê sábio. Não tendo ela chefe, nem oficial, nem comandante, no estio, prepara o seu pão, na sega, ajunta o seu mantimento". Você precisa ser como a formiga, uma pessoa que é automotivada e autodisciplinada; que faz o que é certo porque é certo, não porque alguém pode estar observando-o ou porque alguém o obriga a fazê-lo.

2 DE AGOSTO

Seja um amigo de Deus

E se cumpriu a Escritura, a qual diz: Ora, Abraão creu (confiou, apegou-se a) em Deus, e isso lhe foi imputado para justiça (em conformidade com a vontade de Deus em pensamento e ações); e: Foi chamado amigo de Deus.

TIAGO 2:23

É óbvio que algumas pessoas são mais íntimas do Senhor do que outras. Esses "amigos íntimos" de Deus falam sobre suas conversas com Ele como se o conhecessem pessoalmente. Seus ossos brilham de entusiasmo ao dizerem: "E Deus me disse...", enquanto ouvintes céticos pensam: "Bem, Deus não fala comigo desse jeito"!

Por que será? Deus tem favoritos? Não, a Bíblia ensina que cada pessoa determina seu próprio nível de intimidade com Deus, dependendo do seu desejo de buscá-lo e dedicar tempo para desenvolver um relacionamento com Ele. Todos receberam o mesmo convite: "Acheguemo-nos, portanto, confiadamente (ousadamente e sem temor), junto ao trono da graça" (Hebreus 4.16). Portanto, você é tão próximo de Deus quanto decide ser.

3 DE AGOSTO

Lidando com a crítica

Assim, pois, cada um de nós dará contas de si a Deus.

ROMANOS 14.12

Todos nós desejamos aceitação, portanto a crítica e a reprovação são difíceis para nós tanto mental quanto emocionalmente. O fato é: isso machuca! Mas enfrentar a crítica e a reprovação de outras pessoas torna-se mais fácil quando você se lembra de que é para seu próprio Senhor que você está de pé ou cai (veja Romanos 14.4). No final de tudo, você responderá apenas a Deus.

A crítica e a reprovação são ferramentas do diabo. Ele as usa para impedir as pessoas de cumprir seu propósito, roubando sua liberdade e sua criatividade.

Paulo não permitia que as opiniões de outros mudassem seu propósito. Em Gálatas 1.10, ele disse que se estivesse buscando a popularidade diante das pessoas não teria se tornado um apóstolo do Senhor Jesus Cristo. Sua declaração contém grande sabedoria.

Como podemos ser bem-sucedidos naquilo que Deus nos chamou para fazer se nos preocuparmos demais com o que as pessoas pensam?

4 DE AGOSTO

Expectativas realistas

No mundo, passais por aflições (tribulações, provas e frustrações); mas tende bom ânimo [tende coragem, confiança, segurança, intrepidez]!; eu venci o mundo [Privei o mundo do poder de derrotar-vos e o venci por vós].

JOÃO 16.33

Se você tem em mente de que tudo com relação à sua vida deveria ser sempre perfeito, está se enganando. Isso não significa de você deveria ser negativo, mas precisa ser realista o bastante para perceber de antemão que nem todas as coisas na vida são perfeitas.

Você não deve se preparar para fracassar, mas precisa lembrar-se de que Jesus disse que você terá de lidar com aflições, tribulações, provas e frustrações. Essas coisas fazem parte da vida na terra tanto para o crente como para o incrédulo. Mas tudo que transtorna o mundo não pode prejudicá-lo se você permanecer no amor de Deus.

5 de Agosto

Fé para o milagre

Aconteceu que certa mulher, que, havia doze anos, vinha sofrendo de uma hemorragia e muito padecera à mão de vários médicos, tendo despendido tudo quanto possuía, sem, contudo, nada aproveitar, antes, pelo contrário, indo a pior, tendo ouvido a fama de Jesus, vindo por trás dele, por entre a multidão, tocou-lhe a veste.

MARCOS 5.25-27

Certamente essa mulher deve ter sido atacada com pensamentos de desespero. Enquanto ela considerava a ideia de aproximar-se de Jesus, deve ter pensado: "Para quê"? Porém, mesmo assim ela prosseguiu em meio àquela grande e esmagadora multidão, tocou nas orlas das vestes de Jesus e o poder para curar fluiu para o seu corpo e ela foi curada.

Não importava como ela se sentia, não importava quantos tenham tentado desencorajá-la, muito embora tivesse sofrido por doze anos, essa mulher não desistiu. Jesus lhe disse que sua fé a tinha curado. Mantenha-se prosseguindo e nunca desista de crer!

6 de Agosto

O caminho do perdão

E, quando estiverdes orando, se tendes alguma coisa contra alguém, perdoai (deixai, soltai), para que vosso Pai celestial vos perdoe as vossas ofensas (e falhas).

MARCOS 11.25

"Por que eu, Deus"? foi o clamor do meu coração durante muitos anos. Das minhas emoções feridas por causa de uma vida de sofrimentos, eu vivia no deserto da autopiedade e da falta de perdão. Esse era um grande problema que me impedia de cumprir o plano de Deus em minha vida.

Muitas pessoas estão feridas terrivelmente e clamando por socorro, mas não querem receber a ajuda que Deus tem para lhes oferecer. É impressionante como frequentemente desejamos as coisas à nossa maneira. Quando alguém o machuca, você pode sentir que essa pessoa lhe deve algo, contudo Jesus quer que você abra mão disso. Não importa quanto você possa desejar a ajuda de Deus, você a receberá somente quando quiser fazer as coisas à maneira dele.

7 DE AGOSTO

Peça por ajuda

Dai ouvidos, todo o Judá e vós, moradores de Jerusalém, e tu, ó rei Josafá, ao que vos diz o Senhor. Não temais, nem vos assusteis por causa desta grande multidão, pois a peleja não é vossa, mas de Deus.
2 CRÔNICAS 20.15

O capítulo 20 de 2 Crônicas descreve um momento de crise na vida do povo de Judá. Eles estavam enfrentando um grande exército que estava prestes a destruí-los. No versículo 12, Josafá, rei de Judá, faz uma sábia oração a Deus: "Ah! Nosso Deus, acaso, não executarás tu o teu julgamento contra eles? Porque em nós não há força para resistirmos a essa grande multidão que vem contra nós, e não sabemos nós o que fazer; porém os nossos olhos estão postos em ti".

Frequentemente nos desgastamos tentando fazer algo que não somos capazes de fazer. É muito mais fácil dizer simplesmente: "Não sei o que fazer, e mesmo se soubesse não conseguiria fazê-lo sem Tua ajuda, Espírito Santo. Por isso, ajuda-me". Se você pedir por socorro, Deus cuidará dessa batalha.

8 DE AGOSTO

Desenvolva seu potencial

Tudo quanto te vier à mão para fazer, faze-o conforme as tuas forças.
ECLESIASTES 9.10

O dicionário *Webster* (1828) define a palavra *potencial* como "existindo em possibilidade, e não em ação". O potencial não pode se manifestar sem uma atitude prática. Como o concreto, o potencial deve ter um local para ser derramado, algo que lhe dê forma e o torne utilizável. Para desenvolver seu potencial adequadamente, você deve ter um plano e orar sobre esse plano, e deve ter o propósito de fazer alguma coisa com relação a isso.

Muitas pessoas são infelizes porque não fazem nada para desenvolver seu potencial. De fato, muitas delas nunca desenvolvem seu

Terminado bem seu dia

potencial porque não fazem nada além de reclamar que não estão fazendo nada!

Se você quer ver seu potencial desenvolvido em plenitude, não espere até que tudo esteja perfeito. Faça algo agora. Comece colocando suas mãos naquilo que está à sua frente. Você não pode começar da linha de chegada. Você deve começar desde o início, como todas as pessoas.

9 DE AGOSTO

Rápido para amar, lento para julgar

> E andai em amor (estimando-vos e deleitando-vos uns nos outros), como também Cristo nos amou e se entregou a si mesmo por nós, como oferta e sacrifício a Deus, em aroma suave.
> EFÉSIOS 5.2

Você é instruído a caminhar em amor. Para estimar as pessoas e deleitar-se nelas, você deve primeiramente conhecê-las, o que é um ato de amor. Exige tempo e esforço olhar além da aparência de qualquer ser humano. Frequentemente, somos tentados a julgar apressadamente, mas a Palavra de Deus diz: "Não julgueis segundo a aparência, e sim pela reta justiça". (João 7.24.)

Você deve ter tempo para conhecer as pessoas de forma verdadeira. Todos nós temos características específicas, hábitos esquisitos, comportamentos peculiares e imperfeições. O próprio Deus não nos julga pela aparência, mas olha nosso coração. Você deveria seguir o exemplo do Senhor. Como o diz o ditado popular, "nunca julgue um livro pela sua capa"!

10 DE AGOSTO

Relacionamento com o Pai

> E estando nós mortos em nossos delitos (e pecados), nos deu vida (comunhão e relacionamento) juntamente com Cristo.
> EFÉSIOS 2.5

Relacionamentos lhe ministram vida. Você é renovado por eles. Relacionamentos recarregam sua bateria.

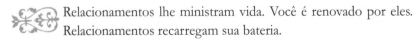

Você é fortalecido o suficiente, pela sua união e relacionamento com Deus, para resistir aos ataques do inimigo de sua alma – Satanás. (Veja Efésios 6.10-11.)

Quando você está se relacionando com Deus, consegue entrar no esconderijo do Altíssimo, onde é protegido do inimigo. O Salmo 91 fala desse esconderijo, e o primeiro versículo diz que aqueles que habitam ali derrotam qualquer adversário: "O que habita no esconderijo do Altíssimo descansa (pode permanecer estável e seguro) à sombra do Onipotente" (Salmos 91.1). Esse esconderijo é a presença de Deus. Quando você está na presença do Senhor, pode experimentar a paz de Deus.

Nesta noite, ao orar e relacionar-se com Deus, entre no Santo dos Santos e descanse no esconderijo da sua presença.

11 DE AGOSTO

Uma perspectiva eterna

Virá, entretanto, como ladrão, o Dia do Senhor, no qual os céus passarão com estrepitoso estrondo, e os elementos [materiais do universo] se desfarão abrasados; também a terra e as obras que nela existem serão atingidas. Visto que todas essas coisas hão de ser assim desfeitas, deveis ser tais como os que vivem em santo procedimento e (devoção) piedade, esperando (com expectativa e anseio) e apressando a vinda do Dia de Deus, ... Por essa razão, pois, amados, esperando estas coisas, empenhai-vos por serdes achados por ele (em sua vinda) em paz, sem mácula e irrepreensíveis (em serena confiança, livre de temores, agitações, paixões e conflitos morais).
2 PEDRO 3.10-12,14

Essa passagem das Escrituras deve despertar temor e reverência em nós. É um desperdício de tempo tentar impressionar as pessoas. O que importa é o que Deus pensa a nosso respeito. Devemos manter uma perspectiva eterna. O mundo como nós o conhecemos desaparecerá um dia e Jesus retornará. Devemos passar nosso tempo neste mundo nos preparando para desfrutar a eternidade na presença de Deus.

12 de Agosto

Uma habitação em seu coração

e, assim, [realmente] habite (estabeleça-se, permaneça, faça sua morada permanente) Cristo no vosso coração, pela fé.

EFÉSIOS 3.17

Se você é nascido de novo, Jesus habita em você. Sua vida interior, suas atitudes, seus pensamentos e suas emoções são a terra santa onde o Filho de Deus quer construir seu lar. Sua vida interior é um assunto de maior interesse para Deus do que sua vida exterior.

Se você quer construir uma morada confortável para Deus, deve parar de se lamentar e de se queixar. A Bíblia diz que Deus habita em meio aos louvores do seu povo (Salmos 22.3). Ele se sente confortável no meio de seus louvores. Você precisa acordar a cada manhã e dizer: "Bom dia, Jesus. Quero que o Senhor se sinta confortável dentro de mim hoje". E você precisa ir para cama toda noite e dizer: "Obrigado, Jesus, por todas as coisas boas que o Senhor fez hoje e pelo que fará amanhã".

Antes de qualquer outra coisa, convide Jesus para fazer morada em seu coração. Então, siga em frente confiantemente, desfrutando o tipo de vida do próprio Deus.

13 de Agosto

Herdeiros com Cristo

De sorte que já não és escravo, porém filho; e, sendo filho, também herdeiro por Deus.

GÁLATAS 4.7

Como um cristão, você crê que Jesus morreu por seus pecados e que quando morrer irá para o céu porque crê nEle. Porém, há mais coisas incluídas na nossa redenção em Cristo. Há uma vida de vitória que Deus quer para você agora.

É impossível viver vitoriosamente nesta terra sem compreender sua autoridade e domínio sobre o diabo e todas as suas obras. Sua posição "em Cristo" é assentado à direita do Deus Todo-Poderoso.

Deus quer restaurar o lugar de autoridade que é seu. Ele já cuidou de todos os detalhes e você pode dizer que Ele já "fechou o negócio". O preço já foi pago, você foi comprado pelo precioso sangue de Jesus. Portanto, eu o encorajo a seguir com confiança e desfrutar a vida que Jesus já proveu a você.

Algo bom

Pensamos, ó Deus, na tua misericórdia no meio do teu templo.
SALMOS 48.9

Davi escrevia frequentemente sobre as maravilhosas obras de Deus. Quando estava se sentindo deprimido, ele escreveu no Salmo 143.4-5: "Por isso, dentro de mim esmorece o meu espírito, e o coração se vê turbado. Lembro-me dos dias de outrora, penso em todos os teus feitos e considero nas obras das tuas mãos".

A reação de Davi aos seus sentimentos de depressão e angústia foi escolher lembrar-se dos bons momentos dos dias passados, ponderando nos feitos de Deus e nas obras de suas mãos. Em outras palavras, ele pensava em algo bom, e isso o ajudava a vencer a depressão.

Quando o inimigo vier contra você com depressão e desânimo, lembre-se dos tempos em que Deus o abençoou e o libertou no passado. A esperança brotará em seu coração e seus problemas parecerão menores.

Submetendo-se ao sofrimento

Ora, tendo Cristo sofrido na carne, armai-vos também vós do mesmo pensamento [pacientemente sofrendo, em vez de falhar em agradar a Deus],
1 PEDRO 4.1

É importante compreender a diferença entre sofrer na carne e sofrer opressão demoníaca.

Desistir dos apetites egoístas da sua carne não significa sofrer por causa da enfermidade, da perturbação e da pobreza. Jesus morreu para libertá-lo da maldição do pecado, mas, a menos que você deseje sofrer na carne, nunca conseguirá caminhar na vontade de Deus.

Quando você acordar pela manhã, determine-se caminhar na vontade de Deus durante todo o dia. Você pode até dizer a si mesmo: "Mesmo se for preciso sofrer para fazer a vontade de Deus hoje, eu me disponho a obedecer-Lhe". Nesta noite, proponha em seu coração que você enfrentará o dia de amanhã com a determinação de agradar a Deus, não importa o que isso venha lhe custar.

16 DE AGOSTO

Um passo de cada vez

Porque, em parte, conhecemos e, em parte, profetizamos (nosso conhecimento e nosso ensino são fragmentados, incompletos e imperfeitos). Quando, porém, vier o que é perfeito (completo), então, o que é em parte (incompleto e imperfeito) será aniquilado (tornar-se-á antiquado, ultrapassado e será substituído).

1 CORÍNTIOS 13.9-10

Esse versículo diz que enquanto você estiver nesta Terra, até que Jesus volte, nunca haverá um momento em sua vida em que poderá dizer: "Já tenho todas as respostas, sei tudo a respeito de todas as coisas". Deus requer de que confiemos nEle, e a confiança implica perguntas não respondidas.

Assim como eu pensava antigamente, você também pode pensar que sabe todas as coisas! Mas você conhece apenas em parte, e eis por que a confiança ainda é necessária, não importa quanto tempo você já tenha caminhado com Deus; Ele o guiará. Ele não lhe dará um mapa detalhado e o enviara para que você possa caminhar sem Ele. O Senhor quer que você mantenha seus olhos nEle e O siga, dando um passo de cada vez.

17 DE AGOSTO

Conforto para a tristeza

Converteste o meu pranto em folguedos; tiraste o meu pano de saco e me cingiste de alegria.

SALMOS 30.11

Em Isaías 61.2 foi profetizado que o Messias iria "consolar todos os que choram". No sermão do Monte, Jesus disse que aqueles que choram são bem-aventurados, pois seriam consolados (veja Mateus 5.4). O consolo de Deus que é ministrado pelo seu Espírito Santo é tão maravilhoso que podemos até dizer que vale a pena ter um problema simplesmente para poder experimentar o seu conforto. Isso vai além de qualquer tipo de conforto humano.

Deixe Deus ser sua fonte de consolo. Nos momentos em que você se sentir ferido, apenas peça-Lhe que o conforte. Então, espere na presença dEle enquanto Ele trabalha em seu coração e em suas emoções. Deus somente falará com você se Lhe der a chance de vir em seu socorro.

18 DE AGOSTO

Palavras de propósito

Assim será a palavra que sair da minha boca: não voltará para mim vazia [sem produzir qualquer efeito, inutilmente], mas fará o que me apraz [e o que proponho] e prosperará naquilo para que a designei.

ISAÍAS 55.11

Os profetas eram os porta-vozes de Deus. Eles foram chamados para dizer as palavras de Deus ao povo, às situações, às cidades, aos ossos secos e montes ou a qualquer outra coisa às quais Deus lhes ordenasse que falassem. Para cumprir a missão ordenada por Deus, eles tinham de se submeter ao Senhor. Suas bocas tinham de pertencer a Ele.

Se você deseja que as palavras de sua boca carreguem o poder de Deus, deve consagrar sua boca a Ele. Geralmente as pessoas que têm dons "orais" possuem uma grande fraqueza nessa área. Se você deseja ser usado por Deus, precisa permitir que Ele lide com sua boca e com aquilo que sai dela. Quando você falar a Palavra de Deus, ela realizará o propósito divino e nunca voltará vazia.

19 DE AGOSTO

Escolha perdoar

[Agora, tendo recebido o Espírito e sendo dirigidos por Ele] se de alguns perdoardes os pecados, são-lhes perdoados; se lhos retiverdes, são retidos.

JOÃO 20.23

A maior mentira que Satanás tem lançado nessa área do perdão é a ideia de que se seus sentimentos não mudarem você não perdoou verdadeiramente. Muitas pessoas creem nessa mentira. Elas decidem perdoar a alguém que as feriu, mas o diabo as convence de que por ainda sentirem-se feridas elas não perdoaram verdadeiramente.

Você pode tomar a decisão correta de perdoar e ainda não sentir algo diferente. Eis quando a fé é realmente necessária para levá-lo adiante. Você fez sua parte e agora espera em Deus. A parte de Deus é curar suas emoções para que você possa se sentir bem novamente. Somente Deus tem o poder de mudar seus sentimentos com relação à pessoa que o feriu.

20 DE AGOSTO

Sempre constante

Jesus Cristo (o Messias), ontem e hoje (sim), é o mesmo e o será para sempre.
HEBREUS 13.8

Qual é a coisa mais importante que você ama em Jesus? Há muitas respostas a essa pergunta, como o fato de Ele ter morrido por você na cruz para que você não seja punido por seus pecados e também ter ressuscitado no terceiro dia. Mas, em seu relacionamento diário com Ele, uma das coisas que você apreciará mais sobre Jesus é a certeza de que Ele não muda.

Você ama a Jesus e pode confiar nEle porque Ele nunca muda. Conforme está dito em sua Palavra, "Jesus Cristo é o mesmo ontem e hoje, e o será para sempre". (Hebreus 13.8.)

Se há algo em que você pode confiar, é no fato de que Jesus nunca muda. Ele pode mudar todas as coisas que precisam ser mudadas, mas Ele permanece sempre o mesmo.

21 DE AGOSTO

O cordão escarlate

Pela fé, Raabe, a meretriz, não foi destruída com os desobedientes (aqueles que se recusaram a crer), porque acolheu com paz aos espias.
HEBREUS 11.31

Raabe ocultou os dois espias a quem Josué tinha enviado para espiar a terra de Jericó. Por causa dela, os espias foram protegidos do rei que tentava matá-los. Antes de partirem, ela lhes pediu que as protegessem, assim como ela fizera com eles. Esses homens lhe disseram: "Cumpriremos o juramento que você nos pediu que fizéssemos, mas com as seguintes condições: quando invadirmos sua terra, amarre este cordão vermelho na janela de onde você nos fez descer. Junte, dentro da sua casa, seu pai, sua mãe, seus irmãos e todos os parentes do seu pai. Se alguém sair da casa, será culpado da sua própria morte, e nós não seremos responsáveis. Mas, se alguém que estiver com você for ferido dentro de casa, a culpa será nossa" (Josué 2.17-19 – NTLH). Raabe obedeceu às instruções deles e foi salva da destruição. (Veja Josué 6.25.)

O cordão escarlate representa o sangue de Jesus que percorre todas as páginas da Bíblia. Use o sangue de Jesus como um selo sobre você e sua família. Quando Deus vir o sangue, Ele o poupará.

22 DE AGOSTO

Fortalecendo-se pela fé

O Senhor é a minha força e o meu cântico; ele me foi por salvação; este é o meu Deus; portanto, eu o louvarei; ele é o Deus de meu pai; por isso, o exaltarei.
ÊXODO 15.2

Deus não quer apenas lhe dar força; Ele quer *ser* sua força. Em Samuel 15.29, Deus é considerado a força de Israel. Havia momentos quando Israel sabia que Deus era sua força, mas, quando se esquecia disso, sempre começava a fracassar e ser destruído.

Como se obtém a força de Deus? Pela fé. Hebreus 11.11 diz que, pela fé, Sara recebeu força para conceber um filho quando ela já tinha passado muito da idade de concepção. Pela fé, você pode receber força para permanecer num casamento difícil, criar filhos problemáticos ou prosperar num emprego, mesmo em meio a problemas. Comece a receber a Deus como sua força pela fé. Você será fortalecido em seu espírito, em sua alma e em seu corpo.

Terminado bem seu dia

23 de Agosto

Uma bússola poderosa

Seja a paz (a harmonia da alma que vem) de Cristo o árbitro (agindo continuamente) em vosso coração (decidindo e resolvendo todas as questões que surgem em sua mente, nesse estado pacífico), à qual, também, fostes chamados (como membros) em um só corpo [de Cristo] para viverdes.
COLOSSENSES 3.15

Quando as pessoas fazem coisas sobre as quais elas não sentem paz, vivem vida miserável e não são bem-sucedidas em nada. Se você está fazendo algo tal como assistir à televisão e, subitamente, perde sua paz a respeito daquilo a que está assistindo, você tem de ouvir a Deus. Ele está lhe dizendo: "Desligue. Faça outra coisa".

Se você perde sua paz ao dizer algo desagradável, Deus está falando com você. Seguramente você se livrará de muitos problemas se parar de falar e desculpar-se imediatamente.

Deus guia seu povo por meio da paz. Sempre que você perder sua paz é porque está ouvindo algo de Deus. Não há nada mais poderoso do que o árbitro da paz em seu coração. Siga esse sinal. Siga a paz!

24 de Agosto

Orando por bênção

Bendizei aos que vos maldizem, orai (por bênçãos) pelos que vos caluniam. [implorai a bênção (favor) de Deus sobre os que vos maltratam (abusam, acusam, menosprezam, humilham)]
LUCAS 6.28

Uma concepção errada que algumas pessoas possuem é de que tudo que se tem de fazer se alguém pecar contra elas é perdoar a essa pessoa, e seu trabalho está terminado. Mas Deus também diz: "Abençoai os que vos perseguem, abençoai e não amaldiçoeis". (Romanos 12.14.)

Nesse contexto, a Palavra *abençoar* significa "falar bem de alguém". Trata-se de uma misericórdia adicional às pessoas que não merecem. Não somente você deve conceder perdão àqueles que o machucaram, mas deve orar para que eles sejam abençoados espiritualmente. Você deve pedir a Deus que lhes mostre a verdade e lhes dê revelação espiritual para que desejem se arrepender e serem livres de seus pecados. Não apenas perdoe, mas complete o processo ao pedir que Deus os abençoe. Ele o abençoará grandemente por sua obediência.

25 DE AGOSTO

O inimigo invisível

Porque a nossa luta não é contra o sangue e a carne [contra oponentes físicos], e sim contra os principados e potestades, contra os dominadores deste mundo tenebroso, contra as forças espirituais do mal, nas regiões celestes (sobrenaturais).
EFÉSIOS 6.12

Esse versículo disse que sua guerra não é contra seres humanos, mas contra o diabo e seus demônios. Seu inimigo Satanás tenta derrotá-lo mediante planos bem estabelecidos e engano deliberado.

O diabo é um mentiroso. Jesus chamou-o de "pai da mentira e de tudo o que é falso" (João 8.44). Ele fala coisas falsas sobre você, sobre outras pessoas e circunstâncias. Ele começa por bombardear sua mente com pequenas dúvidas e temores. Ele se move lenta e cuidadosamente. Ele sabe das suas inseguranças e medos, pois ele o estuda há muito tempo.

Lembre-se, porém, de que Aquele que é Maior vive dentro de você. Você não pode ser derrotado se confiar em Deus para guardá-lo.

26 DE AGOSTO

Escolhido e adotado

Assim como [em seu amor, realmente Ele] nos escolheu [para si mesmo] nele antes da fundação do mundo, para sermos santos [separados para Ele] e irrepreensíveis perante ele [sem reprovação] e em amor nos predestinou [planejou em amor para nós] para ele, para a adoção de filhos, por meio de Jesus Cristo, segundo o beneplácito [propósito] de sua vontade, [porque isso o agradou e foi seu terno intento].
EFÉSIOS 1.4-5

Terminado bem seu dia

Você compreende a adoção num sentido natural. Você sabe que algumas crianças sem pais são adotadas por pessoas que determinadamente as escolheram e as criaram como seus próprios filhos. Da mesma forma, você tem sido escolhido e levado para a família de Deus, embora estivesse previamente excluído dela, não se relacionando com Deus de forma alguma.

Deus, em sua grande de misericórdia, o redimiu e o comprou com o sangue do próprio Jesus, seu Filho, e lhe deu uma herança que está além de toda a compreensão. Deus tem muitas coisas boas planejadas para você, por isso comece a experimentar tais bênçãos.

27 DE AGOSTO

Seja um pacificador

Bem-aventurados (desfrutam admirada felicidade, espiritualmente prósperos, com alegria permanente e satisfação pelo favor e salvação de Deus, a despeito de suas circunstâncias externas) os pacificadores (criadores e mantenedores da paz), porque serão chamados filhos de Deus.

MATEUS 5.9

Jesus é o Príncipe da Paz. Você foi chamado para ser um criador e um mantenedor da paz. Se você deseja servir a Deus não pode viver em contendas. Deus não apenas sugeriu que você evite contendas, mas ordenou: "Ora, é necessário que o servo do Senhor não viva a contender". (2 Timóteo 2.24.)

Ser pacificador é uma decisão, mas nem todos a desejam porque nem sempre é fácil. Quando você decide ser um pacificador, isso significa que deve submeter-se a ser maltratado por outras pessoas? Isso significa que você nunca deve dar sua opinião ou fazer alguém saber como se sente? De forma alguma! Isso significa que você mantém sua paz, mesmo em situações perturbadoras e frustrantes, por causa do seu amor e de sua devoção ao Senhor.

Embora isso seja frequentemente desafiador, escolha caminhar em paz e você será abençoado.

28 DE AGOSTO

O preço de Ismael

Ora, Sarai, mulher de Abrão, não lhe dava filhos; tendo, porém, uma serva egípcia, por nome Agar, disse Sarai a Abrão: Eis que o Senhor me tem impedido de dar à luz filhos; toma, pois, a minha serva, e assim me edificarei com filhos por meio dela.
E Abrão anuiu ao conselho de Sarai.
GÊNESIS 16.1-2

Abraão e Sara cansaram-se de esperar por Deus. Eles se perguntaram se haveria algo que poderiam fazer para ajudar a apressar as coisas. O resultado foi o nascimento de um menino chamado Ismael, mas Ismael não era o filho da promessa.

Como todos nós, você, provavelmente, gosta de fazer as coisas do seu jeito, mas Deus não é obrigado a cuidar das coisas que você criou na força de sua própria carne. Há muitas pessoas frustradas porque deram à luz um "Ismael". Deus não diz que você não pode planejar as coisas. Mas Ele diz: "Se o Senhor não edificar a casa, em vão trabalham os que a edificam". (Salmos 127.1.)

Esteja certo de que você está sendo dirigido pelo Espírito Santo, e não por um desejo carnal.

29 DE AGOSTO

Enfrentando perseguições

Lembrai-vos da palavra que eu vos disse: não é o servo maior do que seu senhor [não é superior a ele]. Se me perseguiram a mim, também perseguirão a vós outros;
JOÃO 15.20

As pessoas o rejeitarão, assim como rejeitaram Jesus, Paulo, bem como outros apóstolos e discípulos. Sei que isso é especialmente difícil quando você é perseguido por pessoas que estão vivendo de forma errada e dizem coisas erradas sobre você. O Salmo 118.22 diz: "A pedra que os construtores rejeitaram essa veio a ser a principal pedra angular".

Essa passagem está falando sobre o momento em Davi foi rejeitado pelos governantes judeus, porém mais tarde foi escolhido pelo Senhor para ser o rei de Israel.

Terminado bem seu dia

Em Mateus 21.42, Jesus mencionou esse versículo para o sumo sacerdote e fariseus, referindo-se à rejeição dessas pessoas a Ele como Filho de Deus.

Embora as pessoas possam rejeitá-lo, você deve permanecer firme e continuar a fazer o que Deus lhe diz para fazer com boa atitude. Deus o promoverá e o colocará numa posição na qual nenhum homem poderia colocá-lo.

30 DE AGOSTO

Pense nessas coisas

Finalmente, irmãos, tudo o que é verdadeiro, tudo o que é respeitável (digno de reverência, honroso e decente), tudo o que é justo, tudo o que é puro, tudo o que é amável, tudo o que é de boa fama (gentil, agradável e gracioso), se alguma virtude (excelência) há e se algum louvor existe, seja isso o que ocupe o vosso pensamento (pense, pondere, atente e fixe sua mente nisso)

FILIPENSES 4.8

Há muitos anos a minha filosofia era: "Não espere que algo bom aconteça, e você não ficará desapontada se realmente não acontecer". Assim como meus pensamentos eram negativos, também era minha vida.

Talvez isso também descreva sua própria vida. Talvez você evite ter esperança pensando proteger-se contra a frustração. Infelizmente esse tipo de comportamento leva a um estilo de vida negativo no qual tudo parece estar errado.

Mantenha uma atitude e uma perspectiva positiva. Diga palavras positivas. Jesus enfrentou tremendas dificuldades e, contudo, permaneceu positivo. Ele sempre tinha um comentário encorajador, uma palavra animadora. Você tem a mente de Cristo, portanto, comece a usá-la. Se Ele não pensava de forma negativa, nem você deve fazê-lo.

31 DE AGOSTO

Seja um praticante

Tornai-vos, pois, praticantes da palavra [obedecei à mensagem] e não somente ouvintes, enganando-vos a vós mesmos [ao raciocinarem de forma contrária à verdade].

TIAGO 1.22

Sempre que você percebe o que a Palavra diz e se recusa a fazê-lo, o racionalismo humano está operando e levando-o a crer em algo além da verdade.

Há momentos em que você não compreende tudo o que a Palavra diz, mas deve prosseguir e praticá-la mesmo assim. Deus quer que Lhe obedeçamos, seja isso agradável ou não, pareça conveniente a nós ou não, queiramos ou não. Quando Deus fala, não podemos questionar seus métodos. Seus caminhos nunca são como os nossos.

Provérbios 3.5 diz: "Confia (creia e apoie-se) no Senhor de todo o teu coração (e mente) e não te estribes no teu próprio entendimento (compreensão e percepção)". Em outras palavras, não se apoie na razão ou na lógica. Quando Deus fala, temos de nos mobilizar, e não racionalizar.

1º DE SETEMBRO

Você tem a mente de Cristo

Nós, porém, temos a mente de Cristo (o Messias), [mantemos os pensamentos, sentimentos e propósitos de seu coração].
1 CORÍNTIOS 2.16

A Bíblia diz claramente que você, como cristão, tem a mente de Cristo. Por que, então, experimenta momentos de altos e baixos emocionais?

Romanos 8 ensina que você também tem uma mente carnal, o que o leva a pensar, a dizer, a sentir e a fazer coisas que o tornam infrutífero.

Eis por que é importante perceber que seus sentimentos não são confiáveis. Você deve escolher viver mais profundamente do que seus sentimentos indicam, obedecendo àquilo que você sabe profundamente em seu coração.

Se algumas vezes você sente que sua mente está perdida num mar de confusão, é tempo de renunciar à mente carnal e operar na mente de Cristo. É uma mudança que o levará para fora da frustração e para dentro da vida cristã vitoriosa.

Terminado bem seu dia

Seja uma luz num mundo em trevas

Nisto (os homens) conhecerão todos que sois meus discípulos: se tiverdes amor uns aos outros (se vos mantiverdes demonstrando amor entre vós).
João 13.35

Você tem todo dia a oportunidade de mostrar Jesus ao mundo. Você faz isso ao caminhar no amor de Deus, o amor do Pai que primeiramente foi revelado e expresso em seu Filho Jesus e agora é manifesto por seu intermédio.

O mundo está buscando algo verdadeiro, algo tangível. As pessoas estão buscando o amor, e Deus é a fonte de todo o amor.

De acordo com 2 Coríntios 5.20, você é embaixador de Cristo, o representante pessoal do Senhor. Deus fala ao mundo por intermédio de sua vida.

As pessoas têm percebido seu amor e cuidado por elas? A maneira como você vive faz com que elas desejem ter um relacionamento com Deus? Seja luz nos lugares em trevas do mundo.

Pense antes de falar

Põe guarda, Senhor, à minha boca; vigia a porta dos meus lábios.
Salmos 141.3

Você já disse algo que machucou alguém ou, talvez, causou consequências desfavoráveis a si mesmo?

Eu já fiz isso. Durante anos, eu simplesmente dizia o que gostava de dizer, mas graças a Deus tenho aprendido que as palavras são poderosas. O que você diz tem poder para influenciar sua vida e a vida de outros, para o bem ou para o mal. Assim, é sábio pensar sobre o que você irá dizer antes de dizê-lo.

Você deve falar somente palavras de encorajamento que edificarão as pessoas e as farão se sentir melhor. Você tem muitas oportunidades todo dia para colocar isso em prática, mas tais coisas requerem disciplina verdadeira e determinação.

Você pode ter sido ferido pelas palavras de alguém ou, talvez, tenha ferido alguém com suas palavras, mas pode mudar isso a partir de agora. Isso exige oração e disciplina, mas Deus o ajudará a desenvolver e a exercitar controle sobre as palavras que você fala.

4 DE SETEMBRO

Persiga seu propósito

Buscai, (almejai e esforçai-vos ao buscar) pois, em primeiro lugar, o seu reino e a sua justiça, e todas estas coisas vos serão acrescentadas.
MATEUS 6.33

Você já pensou: "Qual é o propósito para minha vida"? Cada um de nós quer sentir-se com um propósito: que estamos fazendo diferença significativa no mundo.

Deus tem um propósito para cada um de nós, e isso significa fazer o que é certo e glorificar a Deus.

Como você persegue seu propósito? Colocando Deus em primeiro lugar ao acordar todo dia. Há muitas outras coisas que você é tentado a buscar: posição profissional, educação, relacionamentos, dinheiro, bens materiais, e assim por diante. Mas frequentemente, quando você atinge tais alvos, sua vida permanece tão vazia e sem propósitos como quando você começou.

Deus sabe do que você precisa e está bem consciente dos desejos de seu coração, e Ele os concederá se você simplesmente buscar o propósito para sua vida colocando-O em primeiro lugar.

5 DE SETEMBRO

Desfrute sua vida agora

Eu vim para que tenham (e desfrutem a) vida e a tenham em abundância (até a plenitude, até transbordar).
JOÃO 10.10

A vida é uma jornada, um processo de avanço e progressão. Enquanto você segue em direção ao seu futuro, deve ser cuidadoso de não perder de vista o momento presente e de desfrutar aquilo que cada dia lhe traz.

Terminado bem seu dia

Por muitos anos fui cristã, mas não desfrutava a vida. Então Deus me ensinou que desfrutar a vida não se baseia em circunstâncias agradáveis, mas é uma atitude de coração. Quando decidi mudar minha maneira de encarar algumas circunstâncias que enfrentava, isso trouxe uma diferença incrível!

Como cristão, você tem disponível a abundante qualidade de vida que vem de Deus. Não se deixe envolver com suas ocupações de tal forma que venha a deixar de desfrutar os prazeres que Deus lhe confere todo dia. Ele lhe deu vida abundante e seu alvo deve ser desfrutá-la em plenitude.

6 DE SETEMBRO

Deixe sua luz brilhar

Porquanto a graça de Deus manifestou-se... para que, renegadas a impiedade e as paixões mundanas, vivamos, no presente século, sensata (moderada, autocontrolada), justa e piedosamente.
TITO 2.11-12

Embora você viva no mundo, você não pertence ao mundo, agindo como o mundo age. Exatamente porque é fácil tornar-se como as pessoas do mundo sem nem mesmo perceber, você precisa da influência abençoadora de pessoas espiritualmente maduras em sua vida. Você também precisa ser um estudante da Palavra de Deus, o que vai remover desejos indevidos em sua vida, treinando e estabelecendo o caráter divino em você.

Como um filho de Deus, você deve ser uma luz para aqueles que habitam nas trevas. As pessoas devem ser capazes de perceber, pela sua alegria, pela luz dos seus olhos, pela forma como você as trata, pela maneira como você fala (ou não fala) a respeito dos outros, que você é um cristão.

Determine-se agora a ser luz neste mundo presente. Peça a Deus que o ajude a glorificá-Lo pelas suas atitudes e escolhas.

7 DE SETEMBRO

Busque uma vida de excelência

Entrai pela porta estreita, porque estreita é a porta, e apertado, o caminho que conduz para a vida, e são poucos os que acertam com ela.
MATEUS 7.13-14

Muitas pessoas estão enredadas num estilo de vida medíocre. Elas parecem ter perdido a motivação pessoal, e assim são alvos fáceis para aqueles que prometem um caminho fácil para o sucesso, exigindo pouco esforço de sua parte.

Tais pessoas fazem simplesmente o suficiente para sobreviver, mas não caminham nenhuma milha extra.

Viver tal tipo de vida significa substituir de forma muito medíocre a verdadeira recompensa da vida que pode somente ser encontrada ao sermos pessoas de excelência, e esse é o plano de Deus para você desde o início.

Descubra a verdade sobre o bom plano que Deus tem para sua vida e, determinadamente, persiga-o. Você sentirá a maravilhosa sensação de realização, e o fruto de sua vida será abundante, trazendo glória a Deus.

8 DE SETEMBRO

Enfrente a verdade e encontre a liberdade

Quando vier, porém, o Espírito da verdade (o Espírito doador da verdade), ele vos guiará a toda a verdade; porque não falará por si mesmo, mas dirá tudo o que tiver ouvido e vos anunciará as coisas que hão de vir.
JOÃO 16.13

Conhecer a verdade sobre si mesmo é uma chave vital para experimentar um rompimento para a vitória. Se você quer continuamente viver em novos níveis de vitória, deve permanecer aberto e receptivo à verdade sobre si mesmo. Não se trata simplesmente de um reconhecimento superficial de pensamentos e atitudes erradas, mas uma convicção honesta do seu pecado diante de Deus, que traz uma atitude de arrependimento e representa o desejo de prosseguir na direção certa.

Isso pode ser doloroso, mas enfrentar a verdade sobre seus pensamentos, motivações e métodos de fazer as coisas o capacitará a mover-se além do seu desânimo e experimentar um relacionamento maravilhoso com Deus.

A verdade sobre si mesmo frequentemente provoca grande dor, mas a verdade da Palavra de Deus traz grande cura. À medida que você permanece na Palavra de Deus, a verdade o fará livre. (João 8.32.)

9 de Setembro

Exercite o privilégio da oração

Com toda (todo o tipo) oração e súplica, orando em todo tempo (em cada ocasião, em todas as estações) no Espírito e para isto vigiando com toda perseverança e súplica por todos os santos.
Efésios 6.18

A oração para muitos é apenas um ritual reservado para as reuniões da igreja ou ocasiões especiais. Para outros, é algo que fazem quando têm um problema ou estão doentes.

A oração não é algum ritual ou uma função mecânica. É algo que você deveria exercitar durante todo o dia, assim como respirar.

A oração é uma conversa com Deus, e a oração efetiva inclui ações de graças, louvor e petições. Isso funciona para todos os tipos de situações, sejam pequenas ou grandes, e a qualquer momento do dia ou da noite.

A oração demonstra humildade, pois é um símbolo de sua dependência de Deus. E o humilde obtém socorro.

Enquanto você se prepara para dormir esta noite, ore e deixe Deus saber quanto você o ama. Agradeça-lhe, louve-O e apresente qualquer petição que você tenha, sabendo que Ele ouve e responde a orações. Então, desfrute uma noite tranquila de descanso.

10 de Setembro

Viva e deixe viver

E a diligenciardes por viver tranquilamente, cuidar do que é vosso e trabalhar com as próprias mãos, como vos ordenamos;
1 Tessalonicenses 4.11

A frase *viva e deixe viver* significa "você cuida das suas coisas e eu cuido das minhas, e vice-versa". E a Bíblia confirma que essa é uma prática correta. Descobri que a aplicação desse princípio me ajuda grandemente a desfrutar minha vida.

Muitas vezes nos envolvemos com coisas que realmente não são problema nosso e, algumas vezes, tais coisas nos prejudicam. Eu o encorajo a não se emaranhar com a vida de outras pessoas. Seja um bom amigo, mas esteja atento aos embaraços. É possível complicar sua vida ao intrometer-se na vida de outra pessoa, mas esse não é o plano de Deus para você.

A maioria de nós tem problemas suficientes e não precisa se envolver com os problemas dos outros. Assim, busque o alvo de cuidar de seus próprios problemas e buscar uma vida sossegada e tranquila. Essa é uma grande maneira de viver!

11 DE SETEMBRO

Apenas creia

E o Deus da esperança vos encha de todo o gozo e paz no vosso crer, para que sejais ricos (abundantes, transbordantes) de esperança no poder do Espírito Santo.
ROMANOS 15.13

Como cristão, sua alegria e paz não são baseadas em fazer e conquistar, mas em crer. A alegria e a paz vêm como resultado de construirmos nosso relacionamento com o Senhor.

O Salmo 16.11 diz que na presença do Senhor há plenitude de alegria. Se você tem recebido Jesus como seu Salvador e Senhor, Ele, o Príncipe da Paz, vive dentro de você (veja João 14.23; 1 João 4.12-15). Você experimenta a paz na presença do Senhor agindo de acordo com a direção dEle.

A alegria e a paz vêm quando se conhece, se crê e se confia no Senhor com a fé simples de uma criança. Assim, simplesmente, creia e esteja cheio da esperança abundante que se derramará em cada área de sua vida.

12 DE SETEMBRO

Experimente a presença de Deus nesta noite

Com minha alma suspiro de noite por ti (oh, Senhor) e, com o meu espírito dentro de mim, eu te procuro diligentemente.
ISAÍAS 26.9

Você já notou que na tranquila escuridão da noite parece haver algo especial com relação à presença de Deus?

Terminado bem seu dia

Ele sempre está com você, durante seu dia a dia, e você pode conversar com Ele a qualquer momento, mesmo quando estiver ocupado, mas durante o dia há muitas distrações que o impedem de estar na presença de Deus por um período maior.

No final do dia, você frequentemente passou por problemas e frustrações que podem levá-lo a sentir-se solitário e necessitado. É, então, que você finalmente pode dar tempo e atenção ao Único que é a resposta para suas necessidades.

Quando buscar a Deus nesta noite, busque-o intensamente e perceberá que Ele lhe ministrará de forma especial. Ele trará as respostas para qualquer problema que você possa ter e lhe dará paz e descanso.

13 DE SETEMBRO

Fale palavras de sabedoria

Porque a boca fala do que está cheio (abundante, transbordante) o coração.
MATEUS 12.34

É desafiador dizer coisas certas quando você se sente totalmente perturbado. Quando suas emoções estão alteradas, você é tentado a falar de forma emocional e não sensata, mas você deve permitir que a sabedoria supere a emoção.

Deus falava sobre as coisas que não existiam como se já existissem, e Ele criou o mundo com palavras cheias de fé. Você foi criado à imagem de Deus e também pode chamar as coisas que não são como se já fossem. Você pode falar coisas positivas sobre si mesmo e à atmosfera e, assim, "profetizar seu futuro".

Pense sobre as palavras que você fala e aprenderá muito a respeito de si mesmo. Como cristão, você é um representante de Deus e suas palavras devem refletir o caráter divino. Meditar na bondade de Deus encherá seu coração de alegria e as palavras que você disser O glorificarão e serão um testemunho para os outros.

14 DE SETEMBRO

Aprenda como voar

Mas os que esperam no Senhor renovam as suas forças, sobem (perto do Senhor) com asas como águias, correm e não se cansam, caminham e não se fatigam.
ISAÍAS 40.31

A Palavra de Deus faz várias referências às águias, as mais poderosas aves da terra, e creio que você pode aprender algumas lições valiosas com elas.

As águias não sentem medo nem fogem de uma tempestade, mas permitem que os ventos poderosos as levem acima da tormenta. Elas também não perdem tempo lutando contra outros pássaros. Quando atacadas, elas simplesmente voam mais alto, planando tranquilamente acima de seus inimigos.

Quando você se cansa das lutas e batalhas de um nível mais "baixo", é tempo de aprender a voar.

Permita que Deus lhe ensine como voar acima de seus problemas. Determine-se conhecer a Deus e o poder de sua ressurreição. Você descobrirá que poderá enfrentar tudo o que vem em seu caminho, sem se cansar ou se esgotar, quando voa mais perto do coração de Deus.

15 DE SETEMBRO

Tome um jugo mais leve

Tomai sobre vós o meu jugo e aprendei de mim, porque sou manso (gentil) e humilde de coração; e achareis descanso (alívio, largueza, refrigério, recreação e uma quietude abençoada) para a vossa alma.
MATEUS 11.29

Há uma vida que é tão superior a tudo que o mundo pode oferecer que não há comparação que se possa fazer. Mas, para ter esse tipo de vida, você deve desejar o jugo de Cristo e aprender os caminhos dEle. Isso significa que você deve aproximar-se do Senhor e aprender como Ele lida com cada situação.

Os caminhos e os pensamentos de Deus são superiores aos nossos, e devemos desejar nos entregar a Ele e descobrir Sua vontade para nossa vida.

Desista de ser independente e aprenda a depender de Deus. Dê-Lhe o senhorio completo de sua vida. Em troca, você encontrará descanso, refrigério, alívio, tranquilidade, alegria e uma quietude abençoada.

Ore a respeito de tudo

Muito pode (tem tremendo poder disponível, é dinâmica em sua operação), por sua eficácia, a súplica (sincera, contínua) do justo.

TIAGO 5.16

Dirigindo pela estrada certo dia e pensando numa mudança que ocorreria em minha vida, percebi que estava temerosa. Realmente não era uma coisa tão séria, mas aquilo me perturbava.

Deus falou comigo naquele dia. Ele disse simplesmente: "Ore sobre tudo. Não tema nada". Ele me mostrou que não poderia operar por intermédio do meu medo, mas, se eu cresse, Ele me ajudaria naquela situação.

Eu precisava dessa orientação naquele dia com relação a algo que parecia de pouca importância, mas comecei a usá-la várias vezes desde então, para todo tipo de situações.

Não é bom saber que Deus cuida de tudo que diz respeito à nossa vida, mesmo as coisas pequenas que tememos? Sua parte é orar e ter fé, e a parte de Deus é prover o poder para suprir sua necessidade. A respeito de que você precisa orar esta noite?

Graça para o humilde

Antes, ele dá maior graça (poder do Espírito Santo, para opor-se a essa tendência e todas as outras tendências malignas, plenamente); pelo que diz: Deus resiste aos soberbos (orgulhosos e altivos), mas dá graça [continuamente] aos humildes (os que são humildes o suficiente para obtê-la).

TIAGO 4.6

Todos os seres humanos têm tendências carnais e malignas, mas, se você se humilhar o suficiente para pedir e receber a graça de Deus, Ele a dará a você.

Antigamente, em minha vida cristã, eu tentava controlar minhas próprias tendências malignas, mas nunca fui bem-sucedida. Deus se opôs a todos os meus planos carnais. Finalmente, aprendi que o orgulhoso tenta cuidar de si mesmo, mas o humilde apoia-se em Deus e obtém ajuda.

Se você tem tentado fazer as coisas acontecerem com sua própria força, provavelmente deve ter ficado frustrado como fiquei. Mas o encorajo a fazer o que fiz: confiar na graça e no poder do Espírito Santo e receber tudo de que precisa por intermédio dEle.

18 DE SETEMBRO

Coloque sua confiança em Deus

Bendito o homem que confia (crê e apoia-se) no Senhor e cuja esperança (e confiança) é o Senhor. Porque ele é como a árvore plantada junto às águas, que estende as suas raízes para o ribeiro e não receia (não fica ansioso ou preocupado) quando vem o calor, mas a sua folha fica verde; e, no ano de sequidão, não se perturba, nem deixa de dar fruto.
JEREMIAS 17.7-8

Confiança é uma das facetas mais poderosas da fé porque ela o sustenta em meio aos seus problemas. A fé pede libertação, mas a confiança permanece firme enquanto estamos na sala de espera de Deus.

Todos nós temos confiança e escolhemos onde colocaremos essa confiança. Se você colocar sua confiança nas pessoas ou em suas próprias habilidades e realizações, um dia ficará desapontado. Todas essas coisas estão sujeitas a mudanças, mas Deus nunca muda.

Assim, coloque sua confiança nEle e seja como uma árvore plantada junto às águas, enraizada e firmada, produzindo bons frutos, não importa o que aconteça.

19 DE SETEMBRO

Você é mais do que vencedor

Em todas estas coisas, porém, somos mais que vencedores (e obtemos uma vitória incomparável), por meio daquele que nos amou.
ROMANOS 8.37

Terminado bem seu dia

Muitas pessoas creem que o único caminho para a vitória é, de alguma forma, evitar ter problemas. Mas tenho aprendido que a vitória real não consiste em ser livre de problemas. A verdadeira vitória para o filho de Deus consiste em ainda ter paz na alma mesmo em meio às grandes tempestades, quando a tragédia ocorre e alguém pode ainda dizer: "Minha alma está em paz". Isso somente pode acontecer quando você olha para Jesus em vez de basear-se em suas circunstâncias.

A chave para ter vitória é compreender que isso somente vem "por intermédio d'Aquele que nos amou". Se você está enfrentando problemas que parecem intransponíveis, lembre-se de que você é mais do que vencedor por intermédio de Jesus. Permita que Deus o fortaleça em seu homem interior. Quando você é forte interiormente, pode derrotar tudo o que vem contra sua vida.

20 DE SETEMBRO

Invista num coração puro

> *Bem-aventurados os limpos de coração, porque verão a Deus.*
> MATEUS 5.8

A pureza de coração não é uma característica natural, é algo que deve ser trabalhado. Creio que a purificação e a pureza andam juntas. A purificação é um processo trabalhoso no qual as coisas corrompidas são removidas enquanto as coisas de valor permanecem. Remover as coisas corrompidas sem prejudicar as coisas valiosas requer o trabalho de um especialista, e Deus é especialista nisso!

Ele é como o refinador que se senta diante do fogo onde o ouro e a prata estão sendo refinados. Ele não deixa você sozinho nem por um segundo, mas cuida de sua vida e, enquanto as impurezas são removidas, Se assegura de que as coisas valiosas em você não serão tocadas.

Deus quis pagar um preço para redimi-lo. Você quer pagar o preço para ter pureza em sua vida, pureza de motivações, pensamentos, atitudes, palavras e ações? Pense nisso durante um tempo. O que parece bom agora pode trazer destruição mais tarde, mas o que parece custoso agora trará ricas recompensas.

21 de Setembro

Apegue-se ao seu sonho

Porque dos muitos trabalhos vêm os sonhos, e do muito falar, palavras néscias.
ECLESIASTES 5.3

Num mundo agitado, que é tanto desafiador quanto exigente, é importante ter sonhos e visões. Sem isso você se desvia, tornando-se complacente e falhando em alcançar algo além daquilo que você tem agora. Contudo, trabalhar em direção aos seus sonhos e visões requer esforço.

Aqueles que querem fazer grandes coisas sem trabalho árduo nunca verão as coisas acontecerem. Utilizar princípios administrativos abençoados e desejar trabalhar são exigências do Reino de Deus.

Caminhar em bondade e amor são fatores importantes para vermos sonhos e visões cumpridos. Nenhuma pessoa deve ser uma ilha; precisamos uns dos outros para conseguirmos ser tudo o que devemos ser. Portanto, devemos operar com princípios que construam bons relacionamentos.

Enquanto você se apega firmemente aos sonhos que Deus colocou em s eu coração, ore, buscando a orientação do Senhor, e Ele o levará a vitórias miraculosas.

22 de Setembro

Desfrute sua vida enquanto você cresce

Portanto, sede vós perfeitos [crescendo rumo à completa maturidade espiritual de mente e caráter, alcançando a altura adequada de virtude e integridade] como perfeito é o vosso Pai celeste.
MATEUS 5.48

Ser alguém perfeito soa bem, mas não é uma realidade. A realidade é que você é um ser humano e, não importa quanto tente ser perfeito, ainda comete erros. Seu coração pode ser perfeito, mas suas realizações nunca serão perfeitas enquanto você estiver nesta terra.

Você é legalmente e posicionalmente perfeito em Cristo, mas, experimentalmente, ainda está num processo de mudança, todo dia, de glória em glória. Trata-se de um processo de crescimento, e isso leva tempo.

Terminado bem seu dia

Lutar pela perfeição para ganhar a aceitação e a aprovação de Deus ou de outros somente traz frustração e luta interminável, e isso não é necessário porque Jesus o aceita exatamente como você é. Ele nunca o pressiona a realizar algo ou exige qualquer coisa que você não saiba como fazer. Assim, simplesmente, faça o seu melhor e desfrute a vida enquanto você está amadurecendo.

23 de Setembro

Sua fraqueza é a oportunidade de Deus

A minha graça te basta [meu favor, benignidade e misericórdia são suficientes para ti, contra qualquer perigo e te capacitam a enfrentar o problema corajosamente], porque o poder se aperfeiçoa [é pleno e completo, e mostra-se mais efetivo] na [sua] fraqueza.
2 Coríntios 12.9

Você já se sentiu desesperadamente fraco e desanimado? Deus quer que você saiba que o único poder que a fraqueza tem sobre sua vida é o poder que você Lhe der.

Rejeitar a si mesmo porque você tem fraquezas abre a porta para problemas que podem afetar muitas áreas de sua vida, mas a fraqueza humana não surpreende a Deus. De fato, é uma oportunidade para a força e o poder de Deus se aperfeiçoarem em sua fraqueza.

Enquanto você medita na verdade dessa promessa esta noite, tome a decisão de não ficar mais perturbado com suas fraquezas, falhando em reconhecê-las como grandes oportunidades para Deus agir. Pare de aborrecer-se com as fraquezas e comece a receber a graça, a força e o poder de Deus.

24 de Setembro

Visite as águas tranquilas

Ele me faz repousar em pastos verdejantes (frescos, tenros). Leva-me para junto das águas de descanso (tranquilas).
Salmos 23.2

Esse Salmo é conhecido pela maioria das pessoas, mas você já parou para pensar nessas "águas tranquilas"? Creio que é nesse lugar onde você encontra descanso e força para enfrentar as pressões da vida.

Poderíamos dizer que essas "águas tranquilas" são águas de cura. A quietude e a tranquilidade contêm qualidades restauradoras para sua alma.

As águas tranquilas estão disponíveis em todos os momentos, mas as procuramos muito raramente. Sempre que você sentir qualquer necessidade ou anseio, visite as águas tranquilas, mesmo por poucos minutos.

Deixe tudo se aquietar e, então, mergulhe na beleza dessa quietude. O silêncio pode ensinar mais num momento do que todo o barulho do mundo poderia fazer. Assim, passe mais tempo ao lado das águas tranquilas e encontre um descanso pacificador para sua alma.

25 DE SETEMBRO

Coopere com o plano de Deus

Eu é que sei que pensamentos (e planos) tenho a vosso respeito, diz o Senhor; pensamentos (e planos) de paz (e bem-estar) e não de mal, para vos dar (a esperança do) o fim que desejais.
JEREMIAS 29.11

Deus tem um plano para cada pessoa, e sua Palavra diz claramente que seu plano é bom. Satanás começa seu trabalho sujo muito cedo em nossa vida, tentando perverter e destruir o bom plano de Deus. O diabo prepara todo tipo de frustração, desencorajamento, feridas e situações amedrontadoras e, frequentemente, ele causa muitos danos.

Mas não importa quanto você tenha sofrido, Deus pode restaurá-lo. Se você experimentou um mau começo, não se desespere. Deus é especialista em restauração, e aquilo que Ele repara se torna melhor do que algo novo. Contudo, a restauração não acontece automaticamente. Você deve crer na Palavra de Deus e plenamente cooperar com Ele durante o processo de restauração. Olhe para Jesus, o único que o ama incondicionalmente. Ele é o Autor e Consumador de tudo o que diz respeito a você e à sua vida.

Terminado bem seu dia

Aprenda sobre o poder da paciência

Com efeito, tendes necessidade de perseverança (firmeza paciente), para que, havendo feito a vontade de Deus (cumprindo e realizando plenamente a vontade de Deus), alcanceis [recebais e desfruteis em plenitude] a promessa.
HEBREUS 10.36

A paciência é poderosa porque nos liberta do controle do diabo e das circunstâncias que ele tenta usar para nos atormentar. Contudo, a paciência é fruto do Espírito que somente cresce em meio às tribulações. É durante esses momentos que você pode desenvolver a habilidade de permanecer forte e estável.

A paciência é requerida se você quer vir o cumprimento das promessas de Deus em sua vida. Assim, é importante desenvolver o controle sobre seus pensamentos e sobre o que você diz, quando é confrontado com circunstâncias desafiadoras. Isso não é fácil, mas você pode fazê-lo com a ajuda de Deus.

Busque de forma determinada a paciência de Cristo e isso o levará ao poder de Deus. Então, você será capaz de realizar a vontade de Deus e receber suas promessas.

Desfrute a vida do reino

Porque o reino de Deus não é [não se trata de obter] comida nem bebida [que alguém deseje], mas justiça (aquele estado que torna uma pessoa aceitável a Deus), e [um coração em] paz, e alegria no Espírito Santo.
ROMANO 14.17

Como filho de Deus, é seu privilégio viver no Reino de Deus. Mas o que é e onde está o Reino de Deus? Lucas 17.21 diz que o Reino de Deus está dentro de você. E o versículo escolhido para este dia revela aquilo que é e aquilo que não é o Reino.

O Reino de Deus não é comida ou bebida, ou seja, as coisas deste mundo, mas é justiça, paz e alegria no Espírito Santo. Muitas pessoas têm a riqueza do mundo, mas não têm a verdadeira satisfação.

A satisfação em seu homem interior é o que Jesus quer que lhe dar. Quando as coisas estão certas em seu interior, as coisas exteriores não importam tanto. Assim, mantenha seus olhos no verdadeiro Reino de Deus, e o restante será acrescentado em abundância em sua vida.

28 DE SETEMBRO

Troque sua culpa pela liberdade

Não que eu o tenha já recebido [este ideal] ou tenha já obtido a perfeição; mas prossigo para conquistar aquilo para o que também fui conquistado por Cristo Jesus (o Messias) (e que Ele já tornou meu).
FILIPENSES 3.12

Satanás tem prazer em tentar nos fazer sentirmos culpados e condenados a respeito de nossos pecados e imperfeições do passado. Sei disso porque fui perturbada com tais sentimentos por muitos anos, até que Deus me ajudou a ver que não precisava ser perfeita para ser perdoada. Ele me deixou saber que eu não estava conseguindo nada proveitoso ao sentir-me culpada.

Quando você se arrepende e abandona seu pecado, Deus faz o resto, e isso é mais do que suficiente. Você não precisa adicionar sua culpa ao sacrifício de Jesus. O perdão é completamente gratuito!

Embora você não seja perfeito, pode aceitar o perdão que Jesus diz que é seu. Troque seus sentimentos de culpa e condenação pelo amor incondicional de Jesus e encontre completa e total liberdade.

29 DE SETEMBRO

Você pode ser livre!

E todos nós... somos (constantemente) transformados, de glória em glória, na sua própria imagem (num nível de esplendor sempre crescente, de um degrau de glória a outro), como pelo Senhor, o Espírito.
2 CORÍNTIOS 3.18

Todos nós experimentamos diferentes níveis da glória de Deus e, obviamente, nem todos estamos no mesmo nível ao mesmo tempo. Portanto, você impede o processo de amadurecimento quando se compara com outra pessoa e, então, se sente inferior. E é isso justamente o que o diabo quer.

Chamo esse sentimento de síndrome da realização-aceitação. E se você quer ser livre, deve vencer isso. Você pode fazê-lo ao ver-se como Deus o vê. Ele o vê como precioso, único e valioso, e o ama assim como você é, com imperfeições e tudo o mais.

Se você está cansado de tentar ser perfeito, comece a desfrutar a si mesmo e confie em Deus para transformá-lo. Ele sabe o que está fazendo e completará o trabalho se você simplesmente se mantiver crendo.

30 DE SETEMBRO

Seja confiante em Cristo

Porque Ele [o próprio Deus] tem dito: De maneira alguma te deixarei (nunca falharei, desistirei de você ou o deixarei sem apoio), nunca jamais te abandonarei [Não, nunca, nunca, de maneira nenhuma te deixarei sem socorro ou te abandonarei, nem te soltarei. Certamente não!].

HEBREUS 13.5

Você foi criado por um grande Deus para grandes coisas, mas somente verá o cumprimento do seu propósito ao colocar sua confiança em Cristo.

Satanás trabalha arduamente tentando roubar sua confiança, mas você deve firmemente resistir-lhe. Se você simplesmente lembrar a si mesmo e a Satanás que Jesus é a fonte de sua confiança, você poderá vencer o plano maligno do diabo.

Não deixe que as inseguranças e as falhas do passado roubem sua confiança. Deus afirma que Ele nunca o deixará nem o abandonará, assim você deve crer e agir baseado nisso.

Seja o que for que você esteja enfrentando agora, lembre-se de que Deus é capaz até quando você não é. Ele o ama e se mostrará forte mesmo por intermédio das suas fraquezas. Assim, simplesmente, creia e confie nEle.

1º DE OUTUBRO

Reavive o dom

Por esta razão, pois, te admoesto que reavives (reacenda a chama e a mantenha queimando) o dom (gracioso) de Deus (o fogo interior) que há em ti pela imposição das minhas mãos.
2 TIMÓTEO 1.6

Em sua vida espiritual, ou você prossegue agressivamente ou cai em retrocesso; ou você cresce ou começa a morrer. Não existe cristianismo estagnado. É vital e essencial permanecer prosseguindo.

Nessa passagem da Bíblia, Timóteo precisava de algum encorajamento. Paulo o encorajou enfaticamente a retomar a caminhada, lembrando-se do chamado em sua vida, e a desistir do medo, recordando que Deus não lhe deu espírito de medo, "mas de poder, amor e de uma mente sã". (2 Timóteo 1.7 – versão King James.)

Se você percebe que está se sentindo estagnado ou retrocedendo aos velhos padrões de pensamento e comportamento, reavive o dom que está dentro de você esta noite e prossiga adiante com o Senhor.

2 DE OUTUBRO

Provas de caráter

Cesse a malícia dos ímpios, mas estabelece tu o (inflexivelmente) justo (aquele que é reto e está em harmonia contigo); pois sondas (provas) a mente e o coração, ó justo Deus.
SALMOS 7.9

Nesses últimos tempos, você tem se perguntado se a condição deste mundo pode piorar ainda mais? A vida é cheia de desafios que testam sua determinação e sua fé em Deus. Seja enfrentando a iminente ameaça de terrorismo ou as dificuldades do dia a dia, a qualidade de seu caráter certamente é testada regularmente.

Mas você deve lembrar-se de que Deus prova nosso coração, nossas emoções e nossa mente. Mas o que significa realmente testar algo? Costuma-se testar um produto para verificar se suporta realmente o que

Terminado bem seu dia

alega suportar. Será que aguentará a pressão e realizará aquilo que o fabricante diz que realiza? É algo genuíno quando comparado ao verdadeiro padrão de qualidade?

Deus faz o mesmo conosco. Portanto, peça-Lhe que lhe dê graça para passar por todas as provas.

3 DE OUTUBRO

Lutando contra a dúvida e a incredulidade

Abraão, esperando contra a esperança (da razão humana), creu, para vir a ser pai de muitas nações, segundo lhe fora dito: Assim será a tua descendência... não duvidou, por incredulidade (questionando), da promessa de Deus; mas, pela fé, se fortaleceu, dando (louvor e) glória a Deus,
ROMANOS 4.18,20

Deus prometeu a Abraão que lhe daria um herdeiro do seu próprio corpo. A despeito de sua idade avançada, Abraão ainda permanecia na fé, crendo que aquilo que Deus lhe dissera realmente aconteceria. Ele se manteve louvando e glorificando a Deus. Enquanto o fazia, Abraão fortalecia-se em fé.

Seria ridículo que Deus esperasse que você fizesse algo e não lhe desse a habilidade para fazê-lo. Satanás sabe como é perigoso você ter o coração cheio de fé, e assim ele o ataca com a dúvida e incredulidade. Mantenha-se louvando a Deus e dando-Lhe glória. A fé crescerá em seu coração e você vencerá.

4 DE OUTUBRO

Livre do pecado

Porque não temos sumo sacerdote que não possa compadecer-se (e identificar-se) das nossas fraquezas (e enfermidades e incapacidade de enfrentar as tentações); antes, foi ele tentado em todas as coisas, à nossa semelhança, mas sem pecado. Acheguemo-nos, portanto, confiadamente (sem temor e ousadamente), junto ao trono da graça (o trono do favor imerecido de Deus a nós, pecadores, a fim de recebermos misericórdia e acharmos graça (para nossas falhas) para socorro em ocasião oportuna.
HEBREUS 4.15-16

O pecado é uma questão real para a maioria das pessoas, mas esse não tem de ser um problema intransponível. Você sabe que Deus já fez provisão em sua Palavra para todas as suas falhas humanas? A maioria das pessoas faz de seu pecado um problema maior do que o próprio Deus o considera.

Jesus compreende sua fraqueza humana porque Ele foi tentado da mesma forma que somos. Porque Ele é o seu sumo sacerdote intercedendo diante do Pai a seu favor, você pode, ousadamente, aproximar-se do trono da graça para receber a graça, o favor e a misericórdia de Deus.

5 DE OUTUBRO

Um coração desejoso

Disse o Senhor a Moisés: Fala aos filhos de Israel que me tragam oferta; de todo homem cujo coração o mover para isso (voluntariamente e com coração disposto), dele recebereis a minha oferta.
ÊXODO 25.1-2

Quando falamos sobre um coração desejoso, estamos basicamente nos referindo ao "querer". Sem isso, nunca faremos nada.

"Querer" é uma coisa poderosa. Com isso, você pode perder peso, ter a casa limpa, guardar dinheiro, liquidar dívidas e alcançar qualquer outro alvo na vida.

Você realmente pode não gostar de encarar o fato de que sua vitória ou sua derrota tem muito a ver com seu "desejar". Gostamos de culpar a tudo e a todos, mas precisamos tentar fazer um inventário do nosso "querer". Precisamos ser honestos o suficiente para dizer: "Senhor, não obtive a vitória porque realmente não desejei o suficiente".

Esta noite, peça a Deus que lhe dê um profundo "querer".

6 DE OUTUBRO

Satisfaça sua sede

Declarou-lhes, pois, Jesus: Eu sou o pão da vida; o que vem a mim jamais terá fome; e o que crê (confia e se apoia) em mim jamais terá sede.
JOÃO 6.35

Todos nós temos sede por mais de Deus, mas se você não sabe que é Ele o que você deseja, pode facilmente se enganar. Mas, se você se determinar a buscar a Deus, se Lhe der o primeiro lugar em seus desejos, pensamentos e escolhas, sua sede será realmente saciada e você não se confundirá.

Davi falou do seu desejo pelo Senhor no Salmo 42.2, dizendo: "Minha alma tem sede de Deus, do Deus vivo". Você deve buscar a Deus como um homem sedento no deserto. O que um homem sedento deseja? Nada além da água! Ele não está preocupado com qualquer outra coisa, mas, sim, em encontrar aquilo que sacia a sua sede.

Esta noite, Deus está lhe dizendo: "Aqui estou Eu, busque-Me. Eu sou tudo de que você precisa".

7 DE OUTUBRO

O espírito de santidade

E foi designado (de acordo com sua divina natureza) Filho de Deus com poder, segundo o espírito de santidade pela ressurreição dos mortos, a saber, Jesus Cristo, nosso Senhor,
ROMANOS 1.4

O Espírito Santo é a santidade de Deus e é trabalho dele operar essa santidade em todos aqueles que creem em Jesus Cristo como Salvador. Pedro 1.15-16 diz: "Pelo contrário, segundo é santo aquele que vos chamou, tornai-vos santos também vós mesmos em todo o vosso procedimento, porque escrito está: Sede santos, porque eu sou santo".

Deus nunca lhe disse para ser santo sem lhe dar a ajuda de que você precisa para fazer isso. Um espírito impuro nunca poderia torná-lo santo. Assim, Deus enviou seu Santo Espírito aos nossos corações para fazer um trabalho completo. Paulo diz que Aquele que começou uma boa obra em nossa vida será capaz de completá-la (veja Filipenses 1.6). O Espírito da santidade continuará a operar em sua vida enquanto você estiver nesta terra, e Ele o levará continuamente a novos níveis de vitória.

8 DE OUTUBRO

Está consumado!

Tendo, pois, irmãos, intrepidez (plena liberdade e confiança) para entrar no Santo dos Santos, pelo (poder e virtude do) sangue de Jesus, pelo novo e vivo caminho que ele nos (iniciou, dedicou e abriu) consagrou pelo véu (do Santo dos Santos), isto é, pela sua carne, e tendo grande (maravilhoso e nobre) sacerdote sobre a casa de Deus, aproximemo-nos, com sincero coração, em plena certeza de fé.

HEBREUS 10.19-22

Antes que Jesus morresse em seu favor, a única forma de receber as promessas de Deus era viver de forma perfeita ou oferecendo um sacrifício de sangue. Quando Jesus morreu e pagou pelos pecados da humanidade com seu próprio sangue, a cortina do templo que separava as pessoas da presença de Deus foi rasgada em duas partes.

Quando Jesus falou da Cruz dizendo: "Está consumado"!, Ele quis dizer que o sistema da lei estava terminado, e agora as pessoas poderiam livremente entrar na presença de Deus.

Por intermédio do sangue de Jesus, você pode aproximar-se de Deus! Pondere sobre essa importante verdade esta noite.

9 DE OUTUBRO

Cresça em graça

Antes, crescei na graça (imerecido favor, força espiritual) e no conhecimento (reconhecimento e compreensão) de nosso Senhor e Salvador Jesus Cristo (o Messias). A ele seja a glória (honra, majestade e esplendor), tanto agora como no dia eterno.

Amém (Assim seja).
2 PEDRO 3.18

A graça é o poder de Deus vindo em sua situação para fazer o que você não poderia fazer sozinho. Uma vez que você compreende a graça, deve crescer em aprender como recebê-la em cada situação. Confiar em Deus plenamente é algo que você deve aprimorar, e mais forte será espiritualmente quanto mais você confiar nEle. Você somente aprende a confiar em Deus praticando isso. Você cresce em graça ao continuamente colocar sua fé em Deus e receber Sua graça em situações que lhe são difíceis ou impossíveis.

Se você está lutando com algo agora mesmo em sua vida, pergunte a si mesmo se honestamente você está colocando sua fé em Deus para que a graça dEle satisfaça suas necessidades. Nesta noite, decida caminhar na graça de Deus!

10 DE OUTUBRO

Sinais de sucesso

Estes sinais hão de acompanhar aqueles que creem: em meu nome, expelirão demônios; falarão novas línguas; pegarão em serpentes; e, (mesmo) se alguma coisa mortífera beberem, não lhes fará mal; se impuserem as mãos sobre enfermos, eles ficarão curados.
MARCOS 16.17-18

A salvação acontece no nome de Jesus. Você é batizado neste nome tanto na água quanto no Espírito Santo. Você ora e espera que suas orações sejam ouvidas e respondidas nesse mesmo nome. Os doentes são curados e os demônios são expulsos nesse maravilhoso nome.

Os primeiros discípulos usavam o nome de Jesus e Satanás vinha contra eles ferozmente. O diabo não quer que você comece a realizar nada de valor e, se você porventura começar, ele não quer você termine. O diabo sabe que o tempo dele na Terra está se esgotando.

Realize grandes coisas no nome de Jesus e termine sua jornada numa posição de força!

11 DE OUTUBRO

Seja determinado

E vós, irmãos, não vos canseis (nem desanimeis) de fazer o bem (mas continuem praticando o bem sem enfraquecer).
2 TESSALONICENSES 3.13

A passividade é o oposto da atividade. A Palavra de Deus claramente ensina que você deve ser alerta, vigilante e ativo (1 Pedro 5.8). O diabo sabe que a passividade levará o crente à derrota.

Enquanto você estiver se movendo contra o diabo, usando sua vontade para resistir-lhe, o inimigo não ganhará a guerra. Contudo, se você entrar num estado de passividade, estará com sérios problemas.

A passividade pode ser descrita como falta de desejo, apatia generalizada e preguiça. Muitos crentes querem uma vida abençoada, mas estão passivamente sentados "desejando" que algo aconteça.

Se você deseja vitória sobre seus problemas esta noite, se você realmente quer viver a vida no poder da ressurreição, resolva ter uma disposição forte (determinação), e não apenas um simples desejo!

12 DE OUTUBRO

Tempo oportuno

Quem somente observa o vento (e espera que todas as condições sejam favoráveis) nunca semeará, e o que olha para as nuvens nunca segará.

ECLESIASTES 11.4

Quando o Senhor pede a seu povo que faça algo, há a tentação de esperar por um "tempo oportuno" (Atos 24.25). Há sempre a tendência para adiar algo até um momento que não seja tão difícil. O problema é que para realizar algo para Deus você deve desejar deixar sua zona de conforto e assumir nova responsabilidade.

Deus espera que você faça algo que produza algum fruto. Se você não usar os dons e talentos que Ele lhe deu, então você não estará sendo responsável com aquilo que lhe foi confiado. Você precisa ser uma pessoa que não teme a responsabilidade ou mudança. Em tempos de desafio é que você edifica sua força. Se você somente fizer o que é fácil, permanecerá fraco e ineficaz. O tempo para mover-se adiante é agora!

13 DE OUTUBRO

O teste verdadeiro

Confiai (crede, apegai-vos) nele, ó povo, em todo tempo; derramai perante ele o vosso coração; Deus é o nosso refúgio (uma fortaleza e uma torre forte). Selá! (pare e pense sobre isso calmamente).

SALMOS 62.8

Uma coisa que você pode esperar encontrar em sua jornada com Deus são as provas. Quantas vezes você diz a Deus: "O que está acontecendo? O que o Senhor está fazendo? Não compreendo". Se você está passando por um momento agora mesmo onde nada em sua vida faz sentido, confie em Deus mesmo assim.

Você não tem de ter fé e confiar em Deus apenas de vez em quando, mas em todos os momentos. Você deve aprender a viver de fé em fé, confiando no Senhor quando as coisas vão bem ou vão mal. Não existe tal coisa como confiar em Deus sem ter perguntas não respondidas. Sempre haverá coisas acontecendo que você não compreenderá.

14 de Outubro

Ele anseia por você

Ou supondes que em vão afirma a Escritura: É com ciúme que por nós anseia o Espírito, que ele fez habitar em nós?
Tiago 4.5

De acordo com Tiago 4.4, quando você presta atenção nas coisas deste mundo mais do que em Deus, Ele o considera como uma esposa infiel que está mantendo um relacionamento ilícito com o mundo e quebrando seu compromisso conjugal com Ele. Para que você se mantenha fiel a Deus em comunhão e relacionamento íntimo, algumas vezes Ele vai remover coisas de sua vida que o estão impedindo de aproximar-se dEle.

O Espírito Santo quer tornar-se bem-vindo em sua vida; Ele anseia por ter um relacionamento com você. Não permita que trabalho, amigos, família, dinheiro ou sucesso removam o Espírito do lugar adequado em sua vida. Abra toda sua vida e diga-lhe de todo seu coração: "Bem-vindo, Espírito Santo, obrigado por fazer sua morada em mim"!

15 de Outubro

Terra santa

Então, disse consigo mesmo: Irei para lá e verei essa grande maravilha; por que a sarça não se queima? Vendo o Senhor que ele se voltava para ver, Deus, do meio da sarça, o chamou e disse: Moisés! Moisés! Ele respondeu: Eis-me aqui! Deus continuou: Não te cheguem para cá; tira as sandálias dos pés, porque o lugar em que estás é terra santa.

ÊXODO 3.3-5

Moisés removeu suas sandálias porque ele estava pisando em terra santa. Até alguns momentos antes, aquele era apenas um solo comum, mas agora era santo. A presença de Deus o tornou santo!
Você é o tabernáculo de Deus. Seu corpo é o templo do Espírito Santo. Ele vive em você! Aonde você for, Ele irá. Se você for ao supermercado, jogar futebol ou trabalhar, Ele também irá. Coisas e lugares comuns não são santos em si mesmos, mas, quando fazemos tais coisas e entramos em tais lugares, Deus promete estar conosco. E qualquer lugar onde Deus estiver torna-se santo.

16 DE OUTUBRO

Tenha bom ânimo!

Sê forte (confiante) e corajoso, porque tu farás este povo herdar a terra que, sob juramento, prometi dar a seus pais.

JOSUÉ 1.6

Em João 16.33, Jesus disse: "Tenha bom ânimo"! Uma definição da palavra ânimo nesse versículo é "coragem". Quando o Senhor estava dando orientação a Josué, repetidamente, Ele lhe dizia para ter coragem. Sem uma atitude corajosa, que Deus lhe ordenou que tivesse, Josué teria desistido quando o inimigo constantemente vinha contra ele, e os filhos de Israel nunca teriam alcançado a terra prometida.
O mesmo é verdade é para você em sua caminhada diária. A alegria e o ânimo dão-lhe a força para prosseguir em direção ao alvo que o Senhor estabeleceu para sua vida. A falta de alegria é o motivo pelo qual, muitas vezes, você desiste quando deveria persistir. A presença da coragem e uma atitude de ânimo é que dão a perseverança para vencer o diabo, superando suas circunstâncias negativas e "herdando a terra".

17 de Outubro

O caminho do relacionamento

Se alguém supõe ser religioso (observante piedoso das obrigações externas de sua fé), deixando de refrear a língua, antes, enganando o próprio coração, a sua religião é vã (inútil, infrutífera).

Tiago 1.26

Algumas vezes parece que a religião está matando as pessoas. Há muitos que estão buscando um relacionamento com Deus, mas a comunidade religiosa lhes diz que eles precisam "fazer" algo para que Deus as aceite Esse espírito religioso estava vivo nos dias de Jesus, e embora Jesus morresse para colocar o final nisso e levar as pessoas a um relacionamento íntimo com Ele, com o Espírito Santo e com o Pai, esse mesmo espírito religioso ainda atormenta as pessoas em nossos dias, se elas ainda não conhecem a verdade.

A religião diz: "Você deve encontrar um caminho, não importa quão impossível isso possa ser. É melhor você seguir as regras ou sofrerá punição". Mas, em seu relacionamento com Deus, Ele lhe diz: "Você faz seu melhor porque me ama e Eu conheço seu coração. Admita suas faltas, arrependa-se de seus erros e apenas continue Me amando".

18 de Outubro

Um passo de fé

O coração do homem traça o seu caminho, mas o Senhor lhe dirige os passos (e os firma).

Provérbios 16.9

Há momentos na vida em que você deve dar um passo para descobrir, de forma ou de outra, o que deve fazer. Algumas portas nunca se abrem, a menos que você vá e as procure. Em outros momentos, você pode até tomar um passo de fé, e mesmo assim perceber que Deus não abrirá aquela porta. Se você buscá-Lo por orientação e a porta se abrir facilmente, você pode confiar que Ele o está dirigindo a aproveitar a oportunidade que está diante de você.

Algumas vezes, a única forma de descobrir a vontade de Deus é praticar a atitude de "seguir em frente e descobrir". Se você tem orado sobre uma situação e ainda não sabe o que deve fazer, dê um passo de fé.

Você pode parar diante de uma porta automática de um supermercado e ficar olhando para ela durante o dia inteiro, mas a porta não se abrirá até que você caminhe até diante do sensor que aciona o mecanismo. Confie em Deus, dê um passo e veja as portas se abrirem!

19 DE OUTUBRO

Não desanimes

Quando saíres à peleja contra os teus inimigos e vires cavalos, e carros, e povo maior em número do que tu, não os temerás; pois o Senhor, teu Deus, que te fez sair da terra do Egito, está contigo... e dir-lhe-á: Ouvi, ó Israel, hoje, vos achegais à peleja contra os vossos inimigos; que não desfaleça o vosso coração (e mentes); não tenhais medo, não tremais, nem vos aterrorizeis diante deles, pois o Senhor, vosso Deus, é quem vai convosco a pelejar por vós contra os vossos inimigos, para vos salvar.

DEUTERONÔMIO 20.1,3-4

Uma pessoa desanimada não pode realizar muito. A pessoa quer ter tudo do jeito dela ou ela desiste daquilo. Ela fica desencorajada e desanimada facilmente.

O que acontece quando seu coração desanima? Você simplesmente desiste. Em seu coração você está dizendo: "Não posso fazer isso. É muito difícil". Se tal atitude descreve sua vida, saiba que você não tem de permanecer assim. O poder de Deus está disponível para quebrar esse espírito de desânimo em sua vida. Em vez de pensar e dizer "Isso é muito difícil", diga: "Posso fazer tudo porque Deus está comigo".

20 DE OUTUBRO

Prisioneiros da esperança

Voltai à fortaleza [da segurança e da prosperidade], ó presos de esperança; também, hoje, vos anuncio que tudo vos restituirei em dobro (de sua anterior prosperidade a vós).

ZACARIAS 9.12

Como "prisioneiro da esperança", você deve ser cheio de esperança. Deve pensar e falar de forma esperançosa. A esperança é o fundamento no qual a fé se estabelece. Algumas pessoas tentam ter fé após ter perdido toda a esperança. Isso não funcionará. Recuse-se a não ter esperança, não importa quão secos os ossos possam estar, ou quanto a situação possa parecer impossível, ou por quanto tempo o problema exista.

O Salmo 42.5 diz: "Por que estás abatida, ó minha alma? Por que te perturbas dentro de mim? Espera em Deus, pois ainda o louvarei, a ele, meu auxílio e Deus meu". Deus ainda é Deus, e se você permanecer positivo e tornar-se um "prisioneiro da esperança", Ele lhe restituirá em dobro de tudo que você perdeu.

21 DE OUTUBRO

Uma palavra na estação

O Senhor Deus me deu língua de eruditos (de um discípulo e de alguém que é ensinado), para que eu saiba dizer boa palavra ao cansado (a palavra na estação apropriada ao que está fraco). Ele me desperta todas as manhãs, desperta-me o ouvido para que eu ouça como os eruditos (como um discípulo, como alguém que é ensinado).

ISAÍAS 50.4

Você pode abençoar as pessoas com as palavras da sua boca. O poder da vida e da morte está na língua (veja Provérbios 18.21) e, portanto, você pode falar vida aos outros. Provérbios 15.23 diz: "O homem se alegra em dar resposta adequada, e a palavra, a seu tempo, quão boa é"!

Quando você edifica ou exorta, está estimulando as pessoas a buscar a Cristo. Você pode realmente desanimar as pessoas ou encorajá-las simplesmente por suas palavras.

Que tremenda honra ser usado por Deus para encorajar os outros. Peça-lhe que o ensine e lhe dê as palavras apropriadas que curam e encorajam, abençoam e edificam.

22 DE OUTUBRO

Não temas

Porque Deus não nos tem dado espírito de covardia (timidez, intimidação, amedrontamento, servilismo), mas de poder, de amor e de moderação (uma mente calma, bem equilibrada, disciplinada e autocontrolada).
2 TIMÓTEO 1.7

Nessa passagem das Escrituras, Paulo estava encorajando Timóteo ao dizer: "Você pode sentir vontade de desistir, mas tem tudo de que precisa para ser bem-sucedido. O Espírito Santo lhe dará paz e poder para enfrentar tudo. Prossiga sem medo"!

Você pode não compreender o que está acontecendo no mundo ao seu redor, mas deve confiar em Deus em meio a isso tudo. Você pode orar e pedir respostas a Deus, mas quando o céu silencia você precisa permanecer fazendo o que Deus lhe disse para fazer e apenas confiar nEle. Deus ajustará todas as peças de acordo com seu propósito, mesmo quando você não enxerga o amanhã claramente. As respostas de amanhã geralmente não surgem até que o amanhã chegue.

23 DE OUTUBRO

Não deste mundo

E não vos conformeis com este século (este mundo) [moldados e adaptados aos seus costumes exteriores e superficiais], mas transformai-vos pela [inteira] renovação da vossa mente [pelos vossos novos ideais e novas atitudes], para que experimenteis [por vós mesmos] qual seja a boa, agradável e perfeita vontade de Deus [aquilo que é bom, aceitável e perfeito diante dele para vós].
ROMANOS 12.2

É necessário vigiarmos constantemente para não nos amoldarmos a este mundo. Você está exposto a tanta violência hoje em dia que dificilmente atenta para isso. Muitas pessoas estão perdendo a sensibilidade aos sofrimentos reais das pessoas por causa de tamanha violência vista em filmes e na TV.

Terminado bem seu dia

Você pode chegar a não sentir qualquer compaixão pelas pessoas que estão sofrendo. Isso é compreensível, mas não aceitável. Você deve lutar contra a apatia.

Como cristão, você pode não ser capaz de resolver todos os problemas do mundo, mas pode interessar-se pelas pessoas que sofrem; e, para terminar verdadeiramente este dia da forma certa, você pode orar por elas.

24 DE OUTUBRO

Coroado com favor

Fizeste-o, no entanto, por um pouco, menor do que Deus (e dos seres celestiais) e de glória e de honra o coroaste. Deste-lhe domínio sobre as obras da tua mão e sob seus pés tudo lhe puseste...
SALMOS 8.5-6

Nesse versículo, honra e favor têm o mesmo significado. De acordo com essa promessa, você pode obter favor diante de Deus e de outras pessoas. Mas simplesmente porque algo está disponível não significa que você o desfruta automaticamente. O Senhor oferece muitos dons que você nunca receberá nem desfrutará porque não ativa sua fé nessa área.

Por exemplo, se você comparece a uma entrevista para um emprego confessando o medo do fracasso, é quase certo que não conseguirá aquele emprego. Por outro lado, mesmo se você buscar emprego numa área em que não esteja plenamente qualificado, você pode ainda agir de forma confiante, sabendo que Deus lhe dará favor em cada situação, se essa for a vontade dEle.

25 DE OUTUBRO

No tempo de Deus

Há, todavia, uma coisa, amados, que não deveis esquecer: que, para o Senhor, um dia é como mil anos, e mil anos, como um dia.
2 PEDRO 3.8

Deus se move em seu próprio tempo, e não no nosso. Ele nunca se atrasa, mas geralmente não se adianta também. Ele é frequentemente o Deus do último momento. Algumas vezes, Ele espera até o último segundo antes de lhe dar aquilo de que precisa.

Antes que intervenha em seu favor, Ele se assegura de que você não tomará a situação em suas próprias mãos ou fará algo fora do tempo perfeito dEle.

Você deve aprender a confiar no tempo de Deus. Antes de tudo, porém, sua própria vontade e o espírito de independência devem ser subjugados para que Deus seja livre para operar a vontade dEle em sua vida e circunstâncias.

Se você está esperando algo, deixe de lado seu próprio relógio esta noite. Confie em Deus e creia que, enquanto você espera pela resposta, Ele está operando uma boa obra em sua vida de acordo com o propósito divino.

26 DE OUTUBRO

Submeta-se à autoridade

Sujeitai-vos a toda instituição humana (e autoridades) por causa do Senhor, quer seja ao rei, como soberano, quer às autoridades, como enviadas por ele, tanto para castigo (punição, justiça) dos malfeitores como para louvor dos que praticam o bem.
1 PEDRO 2.13-14

Uma boa atitude diante daqueles que estão em autoridade sobre sua vida o cercará de segurança espiritual. Se você se submete à autoridade para honrar a Deus e sua Palavra, desfrutará a unção de Deus fluindo com liberalidade sobre sua vida. Se você se rebela e se recusa a se submeter, bloqueará a unção. A submissão o protege dos ataques demoníacos, enquanto a rebelião abre a porta para o inimigo.

Viva pela unção. Deus tem lhe dado unção para ajudá-lo em tudo o que fizer. Você deve lembrar-se de que as coisas são realizadas pelo Espírito de Deus, e não por força nem por poder. (Veja Zacarias 4.6.)

Esta noite, permaneça calmo e tranquilo; seja rápido em perdoar, lento em irar-se, paciente e amável. Você descobrirá que sua unção se tornará mais forte.

27 DE OUTUBRO

A menina dos Seus olhos

O Senhor empobrece e enriquece; abaixa e também exalta.
1 SAMUEL 2.7

Um exemplo perfeito desse versículo é descoberto na vida de Ester. Deus a levantou da obscuridade para torná-la a rainha de um território. Ele lhe concedeu favor diante de todos que a encontravam, inclusive do rei. Ester utilizou esse favor para impedir que sua vida e a vida de seu povo fossem destruídas pelo perverso Hamã. A despeito do grande risco pessoal, ela não temia comparecer diante do rei e pedir-lhe que interviesse em seu socorro, pois ela tinha favor diante de Deus.

A despeito das circunstâncias que acontecem em sua vida, creia em Deus para obter favor sobrenatural. A despeito de quão impossíveis as coisas possam parecer, Deus pode levantá-lo. Se sua vida estiver nas mãos de Deus, a luz dEle brilhará sobre você. É tempo de você crer nas palavras de Seu Pai: "Você é a menina dos meus olhos. Você é meu filho". Pense sobre isso enquanto você termina seu dia corretamente!

28 DE OUTUBRO

Uma recompensa pela bondade

Amai, porém, os vossos inimigos, fazei o bem (sede agradáveis, fazendo favores para que alguém obtenha benefício disso) e emprestai, sem esperar nenhuma paga; será grande o vosso galardão (vossa recompensa será rica, intensa e abundante).
LUCAS 6.35

Deus já lhe pediu para fazer algo realmente especial por alguém que o feriu? Se é assim, estou certa de que, como eu, você achou muito difícil fazê-lo. Talvez você tenha passado muito tempo em sua vida abençoando alguém que nunca o retribuiu com bênçãos. Nesse caso, não se torne amargo, mas confie que Deus o recompensará.

Alguns cristãos são um pouco mais dispostos a ser amáveis do que outros. Muitos descobrem que podem ser amáveis com aqueles que são amáveis com eles, mas se veem em problemas ao serem agradáveis com aqueles que não merecem a bondade. Deus tem prazer em ser bom com aqueles que não merecem isso.

Realmente, a bondade nem mesmo é bondade, a menos que seja estendida àqueles que não merecem. Termine seu dia sendo bom com alguém.

29 DE OUTUBRO

De uma vez por todas

Não por meio de sangue de bodes e de bezerros, mas pelo seu próprio sangue, entrou no Santo dos Santos, uma vez por todas, tendo obtido (e assegurado) eterna redenção (uma eterna libertação para nós).
HEBREUS 9.12

Na Antiga Aliança, os pecados das pessoas eram cobertos, mas elas nunca se livravam da consciência do pecado. O sangue de bodes e bezerros podia ser usado para a purificação do corpo, mas nunca podia alcançar o homem interior e purificar sua consciência. (Hebreus 10. 1-3.)

Naquela época, tudo era feito para que pudéssemos prosseguir até a plenitude do tempo de Deus. Mas, quando o tempo chegou colocando em ação o plano que Deus tinha anunciado no jardim do Éden, Ele enviou seu Filho para fazer o trabalho da forma completa. Jesus ofereceu Seu sangue de uma vez por todas.

Isso significa duas coisas: primeiramente, Ele nunca terá de fazê-lo novamente; em segundo lugar, isso foi feito por todas as pessoas. Você pode dormir esta noite sabendo que seus pecados estão completamente perdoados.

30 DE OUTUBRO

Liberdade e libertação

Ora, o Senhor é o Espírito; e, onde está o Espírito do Senhor, aí há liberdade (libertação da escravidão).
2 CORÍNTIOS 3.17

Jesus veio para libertar os cativos. Você não é livre para fazer tudo o que tem vontade, mas foi liberto do legalismo e agora é livre para seguir a orientação do Espírito Santo.

Uma mentalidade legalista diz que todos devem fazer exatamente a mesma coisa, da mesma forma, o tempo inteiro. Mas perceba esta noite o Espírito Santo conduzindo-o individualmente de forma exclusiva e criativa. Jesus quer que você tenha liberdade, e não legalismo. Se o Filho o liberta, verdadeiramente você é livre (veja João 8.36). Você é livre do pecado; livre da manipulação e do controle; livre da competição com os outros; livre dos vícios; livre do medo; livre do egoísmo; livre para ser você mesmo. Livre! Livre! Livre!

31 DE OUTUBRO

Afaste-se do mal

Não vos voltareis para os necromantes (médiuns), nem para os adivinhos; não os procureis para serdes contaminados por eles. Eu sou o Senhor, vosso Deus.
LEVÍTICO 19.31

Essa é uma ordem séria! Espiritismo, adivinhação e feitiçaria são proibidos na Palavra de Deus. Muitas pessoas, até mesmo alguns que se consideram cristãos, participam de práticas que Deus considera abomináveis e malignas. Deus diz que Ele seria contra todos aqueles que se voltassem para os médiuns e feiticeiros para prostituir-se ao segui-los (veja Levítico 20.6). Contudo, cristãos ainda leem horóscopos, consultam médiuns e se perguntam por que não conseguem ter paz.

Deus quer que você O busque, e você O ofende se buscar outras fontes. Ninguém que faz tais coisas terá uma vida tranquila, alegre e próspera. Se você tem se envolvido em qualquer prática desse tipo, enfaticamente o encorajo a se arrepender completamente, pedir perdão a Deus e afastar-se totalmente disso.

1º DE NOVEMBRO

Dê graças todo dia

Em tudo, dai graças, porque esta é a vontade de Deus em Cristo Jesus para convosco.
1 TESSALONICENSES 5.18

Eu o encorajo a separar tempo todo dia para agradecer a Deus por algo que Ele fez por você. Você deve agradecer sempre por tudo, seja algo grande ou pequeno, mas ser específico por algo que é especialmente significante para você, e será uma bênção para si mesmo e para Deus.

Há muitas coisas na vida para agradecer, e é nisso que você deve manter seu foco todos os dias.

Encha sua mente com aquilo que é verdadeiro, puro, amável, excelente e digno de louvor. Então, expresse sua gratidão a Deus. Faça o que diz o salmista, no Salmo 100.4: "Entrai por suas portas com ações de graças e nos seus átrios, com hinos de louvor; rendei-lhe graças e bendizei-lhe o nome". Termine este dia corretamente sendo grato.

2 DE NOVEMBRO

Desejando a unção

Quanto a vós outros, a unção que dele recebestes permanece em vós, ... permanecei nele (viva nele, nunca se aparte dele), como também ela vos ensinou.
1 JOÃO 2.27

Você tem um tesouro precioso dentro de si como crente em Cristo. A presença e o poder do Espírito Santo habitam em você por intermédio da unção. Você pode depender dela para orientá-lo e instruí-lo.

A unção faz grande diferença em sua vida diária. Sem ela, tudo exige esforço, mas, com a unção, tudo se torna possível. Somente quando você compreende a unção, pode saber como liberá-la e aumentá-la em sua vida.

Você será fortalecido pela unção para servir e frutificar. Assim, aprenda a respeitá-la, seja grato por ela e faça-a funcionar de forma proveitosa. Deixe que ela flua primeiramente para ministrar às suas próprias necessidades e, então deixe-a fluir por se intermédio para fazer uma significativa diferença na vida daqueles que estão ao seu redor.

3 DE NOVEMBRO

Procure ser humilde

Nada façais por partidarismo ou vanglória (motivados por facção, contendas, lutas, egoísmo, fins indignos, presunçosos e vã arrogância), mas por humildade, considerando cada um os outros superiores (e melhores do que) a si mesmo.
FILIPENSES 2.3

Ter motivações puras e ser humilde são características necessárias se você quer cumprir a ordem de considerar os outros superiores a si mesmo. De fato, isso não pode acontecer sem o desejo de ser obediente ao Espírito Santo.

Para viver em harmonia, você deve reconhecer e respeitar o direito dos outros discordarem de sua opinião e deve fazê-lo com uma boa atitude. A humildade requer que você perdoe rápida e frequentemente e que não seja facilmente ofendido. Você não pode ser interesseiro, mas generoso na misericórdia e paciência.

Humilhar-se e seguir as instruções de Deus o levarão a desfrutar os maravilhosos benefícios da obediência: paz, alegria e uma vida poderosa e vitoriosa.

4 DE NOVEMBRO

Ore com ousadia e confiança

Acheguemo-nos, portanto, confiadamente (sem temor e ousadamente), junto ao trono da graça, a fim de recebermos misericórdia e acharmos graça para socorro em ocasião oportuna (ajuda apropriada e adequada, justamente quando precisarmos dela).
HEBREUS 4.16

A oração abre as janelas do céu e toca o coração de Deus. É um privilégio maravilhoso e poderoso que traz muitas mudanças tanto nas circunstâncias quanto nas pessoas. A oração é frequentemente a diferença entre a confusão e a clareza, a dor e a cura, a derrota e a vitória, e mesmo entre a vida e a morte.

Há muitas formas de orar, mas a melhor maneira é orar de forma ousada e direta. Deus o ama e não quer que sua comunicação com Ele seja vaga e imprecisa. Ele quer que você se aproxime dEle sem temor, confiantemente e sendo preciso em suas orações.

Exercite a liberdade e o privilégio de orar esta noite, esperando plenamente receber a ajuda prometida, justamente quando você precisar dela.

5 DE NOVEMBRO

O Filho o libertou

Se, pois, o Filho vos libertar (fazê-los homens livres), verdadeiramente (real e inquestionavelmente) sereis livres.
JOÃO 8.36

Você é "real e inquestionavelmente livre"? Se você se permite ser controlado por outras pessoas, pensamentos, sentimentos e hábitos, você não é livre.

Pessoas que são livres são espontâneas e desimpedidas, não são escravas, embaraçadas e amarradas. Elas não são limitadas por erros do passado porque servem a um Deus a quem nada é impossível.

O salmista fez essa declaração confiante em 119.45: "E andarei com largueza, pois me empenho pelos teus preceitos". Ao dizer "com largueza", ele indica que tomou a decisão de ser livre e recusar-se a permanecer em escravidão.

Creio que é isso que Deus quer que você faça. Ele quer que você tenha a ousadia santa o suficiente para declarar que o Filho o libertou de toda escravidão e que você está determinado a caminhar na gloriosa liberdade que Ele lhe deu.

6 DE NOVEMBRO

Experimente a paz e descanso de Deus

O Senhor, Deus de Israel, deu paz (e descanso) ao seu povo.
1 CRÔNICAS 23.25

Essa declaração de Davi fala de um Deus que fielmente deu paz e descanso ao seu povo através dos séculos e o faz ainda hoje.

Em nosso mundo agitado, nossos dias, frequentemente, são cheios de todo tipo de trabalho e atividades que podem esgotar nossa energia física e deixar nossa mente completamente atordoada.

Estou certa de que isso também acontecia nos dias de Davi. O ritmo poderia ser mais lento, mas as responsabilidades eram também desgastantes. Mas Davi conhecia o segredo de receber a bondade de Deus ao agradecer e louvar ao Senhor, tanto de manhã quanto à noite.

Se você se sente cansado por causa de um dia desgastante, passe algum tempo em silêncio com o Senhor antes de dormir. Diga-Lhe quanto você Lhe agradece e O louva por ter estado com você hoje e pela paz e descanso que você irá experimentar ao se deitar para dormir.

7 DE NOVEMBRO

Permaneça na videira

Eu sou a videira, vós, os ramos. Quem permanece em mim, e eu, nele, esse dá muito (abundante) fruto; porque sem mim (à parte de uma união vital comigo) nada podeis fazer.

JOÃO 15.5

Na ordem divina das coisas, o pensamento certo vem em primeiro lugar e as ações corretas o seguem. Creio que o comportamento correto é um "fruto" do pensamento correto. Muitos crentes lutam, tentando fazer o que é certo, mas o fruto não é resultado do esforço. O fruto vem como resultado de permanecer na videira.

Como um cristão cheio do Espírito, você deve manifestar o fruto do Espírito Santo, coisas como bondade, mansidão, humildade e benignidade. Você foi criado à imagem de Deus e pode ter a mesma atitude que Jesus demonstrava. Suas palavras podem trazer encorajamento, edificação e exortação, que são produzidos por uma mente pura e positiva.

Enquanto você permanece na videira, busque produzir muitos frutos bons e manifestar a imagem e natureza de Deus. Sua própria vida será ricamente abençoada e você será uma bênção para os outros.

8 DE NOVEMBRO

Invoque uma bênção para sua vida

De sorte que aquele que se abençoar na terra, pelo Deus da verdade (e fidelidade) é que se abençoará; e aquele que jurar na terra, pelo Deus da verdade (e fidelidade) é que jurará; porque já estão esquecidas as angústias passadas e estão escondidas dos meus olhos.

ISAÍAS 65.16

Você pode abençoar ou amaldiçoar a si mesmo com sua boca. Você pode trazer bênção ao falar verdades positivas da Palavra de Deus ou trazer maldição por falar negativamente.

Satanás é um enganador. Ele tenta trazer problemas à sua vida e, então, influenciá-lo a profetizar esses problemas em seu futuro. Mas você pode escolher abençoar a si mesmo. Se você mentalmente parar de viver do passado, poderá começar a pensar e falar em concordância com Deus.

Observe as coisas que você diz, porque o que você diz é importante para o seu bem-estar. Diga o que você crê que Jesus diria em sua situação e você abrirá a porta para o poder miraculoso de Deus.

9 DE NOVEMBRO

Viva uma vida abençoada

Pois somos feitura dele, criados (nascidos de novo) em Cristo Jesus para (fazermos as) boas obras, as quais Deus de antemão (predestinou, planejou anteriormente) preparou para que andássemos nelas (seguindo os passos que Ele preparou antecipadamente para que andássemos por eles, vivendo a vida abençoada que Ele planejou e preparou para vivermos).
EFÉSIOS 2.10

O coração de Deus é o coração de um Pai, e Ele quer que você desfrute a vida abençoada que Ele preordenou. Contudo, muitos se acomodam com menos do que o melhor de Deus para a vida deles porque ouvem as mentiras do diabo.

O diabo tenta convencê-lo de que você cometeu muitos erros no passado e desobedeceu a Deus muitas vezes para poder ter uma vida abençoada, mas isso não é verdade.

Todos nós cometemos erros, mas Deus ainda nos ama, e quando você se arrepende Ele é rápido para lhe perdoar e levá-lo de volta ao caminho certo.

Deus proveu o melhor, e você pode desfrutar isso da mesma forma!

10 de Novembro

Dobre-se antes que quebre

Tende o mesmo sentimento uns para com os outros (Prontamente ajuste-se às pessoas e as coisas); ... se possível, quanto depender de vós, tende paz com todos os homens.
Romanos 12.16,18

Você vive num mundo agitado que parece trazer mais exigências sobre sua vida cada ano que passa. As pessoas estão correndo por todo lugar e frequentemente são rudes e explosivas. Parece que a própria atmosfera do mundo está mudando com o estresse e a pressão.

Mas a boa nova é que, como cristão, você não tem de operar pelo sistema do mundo, reagindo como o mundo reage.

As pessoas no mundo, em geral, reagem às dificuldades descontrolando-se, mas Jesus disse em João 14.27 que você não deve permanecer agitado, perturbado e descontrolado. Você faz isso ao aprender a se ajustar.

Nem sempre é fácil para a carne ajustar-se e fazer as coisas de forma diferente, mas é mais fácil do que ficar descontrolado e sentir-se miserável.

Aprenda a dobrar-se, isto é, ajustar-se, para você não se quebrar. Permita que o Espírito de Deus o tire do estilo de vida estressante para um caminho de paz e alegria.

11 de Novembro

Maneiras práticas para viver seus dias

Quem dera que eles tivessem tal coração [e mente], que me temessem e guardassem [reverentemente] em todo o tempo todos os meus mandamentos, para que bem lhes fosse a eles e a seus filhos, para sempre!
Deuteronômio 5.29

A Palavra de Deus oferece sábias instruções sobre como exercitar a paz como uma maneira de viver.

Primeiramente, você precisa se aquietar. Aquiete-se e interrompa toda agitação ao seu redor. "Aquietai-vos e sabei que eu sou Deus" (Salmos

46.10). O Criador do Universo quer falar com você, mas como Ele pode realmente fazê-lo se você está sempre ocupado? Aquiete-se e ouça!

Em segundo lugar, você deve preparar seu coração para receber e ouvir a voz de Deus de forma regular. Isso requer temor reverente e obediência aos comandos dEle.

Finalmente, você deve reconhecer a Deus em todas as coisas que você faz. Torne um estilo de vida ser identificado com Jesus Cristo e seja um praticante fiel da Palavra. A recompensa é grande!

12 DE NOVEMBRO

Seja frutífero para Deus

Por esta razão, também nós, desde o dia em que o ouvimos, não cessamos de orar por vós e de pedir... (para que possais) viver (andar e vos conduzirdes) de modo digno do Senhor, para o seu inteiro agrado, frutificando em toda boa obra e crescendo no pleno conhecimento de Deus.
COLOSSENSES 1.9-10

Vivemos num mundo agitado, e a maioria das pessoas está sempre muito ocupada. Deus nunca disse para ser ocupado demais, mas Ele diz muito em sua Palavra sobre ser frutífero.

Uma das suas primeiras instruções a Adão e Eva era frutificar e multiplicar. Em Gênesis 8.17, é registrado esse mesmo comando a Noé. Multiplicar significa "produzir crescimento".

Deus quer que você "produza crescimento" ao trabalhar com os recursos que você já tem. Ele o abastece com muitas sementes, dons e talentos, mas você deve cultivá-los e usá-los.

Deus plantou algumas coisas poderosas em você e lhe dará o crescimento enquanto você rega e cuida do que Ele plantou. Assim, trabalhe em cooperação com Ele.

Você é uma pessoa especial chamada exclusivamente para dar frutos como somente você pode dar.

13 DE NOVEMBRO

Vença o mal com o bem

Não te deixes vencer do mal, mas vence o mal com o bem.
ROMANOS 12.21

Como cristão, você pode resistir ao inimigo e vencer o mal tendo uma atitude corajosa e poderosa. Você pode liberar poder espiritual positivo que sempre vencerá o poder espiritual negativo, mas isso não acontecerá automaticamente. Você deve assumir uma posição espiritual agressiva e permanecer firme.

Ao lidar com pessoas, porém, você deve ter uma abordagem diferente. Você deve tratar as pessoas com dignidade, respeito e amor. Tenho aprendido como ser "um cordeiro com o coração de leão", espiritualmente forte ao lidar com o inimigo, porém mansa e humilde ao lidar com pessoas.

Ser bom com as pessoas requer que você caminhe em amor, e esse é um esforço que sempre custa algo, mas as pessoas que são espiritualmente poderosas sempre caminham em amor. Esse é o caminho de Deus para vencer o mal com o bem, e é algo digno do esforço.

14 DE NOVEMBRO

Seja um bom exemplo

Tu, porém, fala (ensina) o que convém (o que se ajusta) à sã doutrina (o caráter e vida corretos que identificam os verdadeiros cristãos).
TITO 2.1

Ser cristão não se baseia tanto no que você faz, mas no que você é. Quando você deseja resplandecer a luz do Senhor, certamente dissipará as trevas na sua área de influência.

Deus unge pessoas comuns para viverem de forma sobrenatural num mundo cheio de frustrações. Ele quer que você seja um praticante da Palavra, e não apenas ouvinte. Ele quer que você pare de simplesmente *dizer* às pessoas que Jesus as ama e comece a deixar que Jesus aja por intermédio de você para suprir as necessidades dessas pessoas.

A melhor forma de mostrar o amor de Cristo é pelo exemplo. As pessoas do mundo querem ver cristãos que vivem o que eles pregam e ensinam.

Você pode ser um exemplo resplandecente de um cristão vitorioso, e essa é a melhor forma de ensinar o que convém à "sã doutrina".

15 de Novembro

Desfrute a vida como uma criança

E disse: Em verdade vos digo que (a menos que vós vos arrependais), se não vos converterdes e não vos tornardes como crianças (crédulas, humildes, amorosas, perdoadoras), de modo algum entrareis no reino dos céus.
Mateus 18.3

Como um crente você pode ter a abundante qualidade de vida que vem de Deus. Ele não é impaciente ou apressado. Deus separa tempo para desfrutar Sua criação, as obras de Suas mãos e quer que você faça o mesmo.

A alegria está disponível se você souber como desfrutá-la. Tenho aprendido que a simplicidade traz alegria e a complicação a bloqueia. Em vez de se embaraçar com as complicações da religião, você deve retornar à simplicidade da fé e manter um relacionamento com Deus como Pai.

Deus quer que você viva sua vida com fé como de uma criança. Ele quer que você amadureça em seu comportamento, mas permaneça criança em sua atitude de confiança e dependência dEle.

Viver sua vida com simplicidade de uma criança mudará sua forma de encarar a vida de forma surpreendente.

16 de Novembro

Moldado à imagem de Cristo

Porquanto aos que de antemão conheceu, também os predestinou para serem conformes à imagem de seu Filho (e compartilharem interiormente de sua semelhança).
Romanos 8.29

Seu alvo como cristão é se tornar como Cristo. A Bíblia diz que você é um embaixador de Cristo e que Ele, pessoalmente, exorta o mundo por intermédio de sua vida.

A única maneira de você representar adequadamente Jesus diante do mundo é deixar que o caráter dEle seja demonstrado pelas suas atitudes. Isso somente pode acontecer pela transformação divina, e é isso exatamente que Deus tinha em mente desde o início.

Deus o predestinou para que você seja moldado à imagem do seu Filho. Ele disse: "Eis que, como o barro na mão do oleiro, assim sois vós na minha mão, ó casa de Israel". (Jeremias 18.6.)

Em seu relacionamento com Deus, você é o barro e Ele, o oleiro. Você nunca deve se esquecer disso. Torne-se flexível nas mãos do oleiro enquanto Deus o transforma no vaso que Ele poderá usar para mudar muitas vidas.

17 DE NOVEMBRO

Deixe toda ira

Irai-vos e não pequeis não se ponha o sol sobre a vossa ira (quando irar-vos, não pequeis, nem deixai vossa exasperação, fúria e indignação durar até que o sol se ponha); nem deis lugar (espaço ou oportunidade) ao diabo.

EFÉSIOS 4.26-27

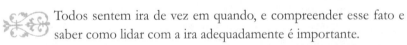 Todos sentem ira de vez em quando, e compreender esse fato e saber como lidar com a ira adequadamente é importante.

A ira começa com um sentimento e, então, se manifesta em palavras e ações. A ira não é necessariamente pecado, contudo o que você escolher fazer com a ira determinará diretamente sua qualidade de vida.

Toda a ira tem o mesmo efeito em sua vida. Ela o perturba, levando-o a sentir-se pressionado. Armazenar a ira interiormente pode ser perigoso para sua saúde. Você deve assumir a responsabilidade pela ira e aprender a lidar com ela.

Se você tem lutado contra esse sentimento, peça ajuda a Deus para vencê-lo. Você pode ser amargo ou amável: a escolha é sua!

18 DE NOVEMBRO

Descubra a cura para a insegurança

E, assim, [realmente] habite (estabeleça-se, permaneça, faça sua morada permanente) Cristo no vosso coração, pela fé. estando vós arraigados e alicerçados (seguramente) em amor.

EFÉSIOS 3.17

O mundo está cheio de pessoas inseguras. De fato, certa vez li um artigo que descrevia a insegurança como um distúrbio psicológico de proporções epidêmicas. Assim, há cura para a insegurança?

A resposta é sim. A Palavra de Deus diz que você pode estar seguro por intermédio de Jesus Cristo. Como cristão, você descobrirá que nosso Senhor Jesus Cristo é a única cura duradoura para a insegurança. Ele tomou todas as suas inseguranças sobre si mesmo no Calvário. A morte e a ressurreição de Jesus compraram sua liberdade da dor e dos padrões de comportamento que produzem uma vida de insegurança em você.

Todas as áreas de sua vida que estão fora de ordem podem ser ajustadas por intermédio de Jesus e da obra que Ele realizou na cruz. Comece a crer nisso e lembre-se: "O Senhor, teu Deus, é contigo por onde quer que andares".

19 de Novembro

Receba a bondade de Deus

Toda boa dádiva e todo dom perfeito são lá do alto, descendo do Pai das luzes, em quem não pode existir variação ou sombra de mudança.

Tiago 1.17

Houve um tempo em que eu acreditava que Deus era bom, mas não estava certa de que Ele seria bom para mim. Eu tinha medo de não ser boa o suficiente para receber Sua bondade. Mas Deus me ensinou que a nossa incapacidade de fazer as coisas da forma certa não cancela a Sua própria bondade. É uma bênção saber que recebemos a bondade de Deus com base na Sua justiça, e não na nossa.

Agora mantenho um caderno para listar todas as boas coisas que Deus faz por mim. Isso me dá melhor percepção das suas provisões e confirma seu constante fluir de bênçãos em minha vida.

Deus é bom e sua bondade irradia como calor os raios do sol. E esses raios de bondade nos alcançam todo dia.

Faça uma lista de todas as bênçãos que Deus lhe dá e você não terá dúvidas da bondade e dos dons perfeitos que vem dEle.

Terminado bem seu dia

20 de Novembro

Exercite a moderação

Mas esmurro o meu corpo e o reduzo à escravidão (treinando-o para fazer o que deve ser feito).

1 CORÍNTIOS 9.27

As festas estão aí novamente! Desde o nascimento do nosso Salvador até o Ano-Novo, as festas nos apresentam várias oportunidades para festejar... e comer.

Para muitos que tendem a comer demais e engordar, esse pode ser um momento desafiador. Mas isso não tem de ser assim. Com a ajuda de Deus, você pode disciplinar-se em vez de satisfazer seu desejo por comida.

Não estou sugerindo que você não deva participar dessas festas. Não é necessário sacrificar todas suas vontades, mas é importante exercitar a moderação. Ore e peça a Deus que o ajude a desfrutar a festa em vez de desfrutar exageradamente a comida... e receba uma bênção dobrada.

21 de Novembro

Tenha um coração grato

Bendize (afetuosamente, ouve com gratidão), ó minha alma, ao Senhor, e não te esqueças de nem um só de seus benefícios.

SALMOS 103.2

Em poucos dias comemoremos, em meu país (Estados Unidos), o Dia de Ações de Graças, um dia separado para agradecermos a Deus por todas suas bênçãos. As pessoas, geralmente, fazem planos e preparativos para celebrar esse dia especial, porém não podemos permitir que atividades ligadas às tradições dessa festa afastem o real propósito desse dia.

Comece a pensar sobre todas as coisas maravilhosas que Deus lhe tem feito durante este ano. Pode ser uma boa ideia fazer uma lista. Você pode não ser capaz de se lembrar de todas as bênçãos, mas se lembrará o suficiente para humilhar-se e encher seu coração de gratidão.

Fale com outros sobre a bondade de Deus e compartilhe algumas bênçãos especiais. Não se esqueça de agradecer a Deus pela vida, pela família, pelos amigos e pelas provisões. E mais importante: expresse sua gratidão especial a Ele.

22 DE NOVEMBRO

Prepare-se para a alegria

Ao anoitecer, pode vir o choro, mas a alegria vem pela manhã.
SALMOS 30.5

Sua alegria depende de que tudo em sua vida esteja andando bem? Se você pensa que não pode ser feliz até que todas suas circunstâncias sejam ajustadas, você nunca será feliz. Todos nós experimentamos momentos de aborrecimentos por várias razões, mas você não pode permitir que as circunstâncias controlem suas emoções.

Satanás busca encher sua mente com pensamentos e emoções negativas que o levem a sentir-se mal, porque ele é um desencorajador. Mas Jesus é seu encorajador e veio para animá-lo. Ele veio para lhe dar justiça, alegria e todas as coisas que o levem a sentir-se feliz!

Todos nós experimentamos momentos de frustração e aflição, por causa de sonhos e esperanças ainda não cumpridos. Quando as coisas não ocorrem de acordo com nossos planos, é normal que nos sintamos desapontados.

As coisas podem fazê-lo sentir-se triste temporariamente, mas, quando você sabe que o choro só dura um momento e, então, a alegria virá, isso torna tudo melhor.

23 DE NOVEMBRO

Seja feliz

Bem-aventurado (feliz, afortunado, admirável) aquele cuja iniquidade é perdoada (cujo perdão de suas transgressões é continuamente exercido sobre ele), cujo pecado é coberto. Bem-aventurado (feliz, afortunado, admirável) o homem a quem o Senhor não atribui iniquidade e em cujo espírito não há dolo.
SALMOS 32.1-2

Deus o criou para viver a vida abundante que Jesus morreu para lhe dar. Saber que seus pecados são completamente perdoados deveria ser o suficiente para mantê-lo alegre.

Terminado bem seu dia

Mas muitos cristãos operam nas obras da carne tentando servir a Deus. Eles passam tanto tempo tentando ser bons que se esquecem da bênção de simplesmente orar e relacionar-se com Deus.

Deus não está buscando suas "obras". Ele quer você! Lembre-se de que você se tornou justo pela morte e ressurreição de Jesus, e suas obras não podem acrescentar nada a isso.

Como cristão, você não pertence mais a si mesmo, mas foi comprado pelo sangue de Jesus. Ele pagou o preço final por sua alegria, por isso, desfrute-a.

24 de Novembro

Confie na rocha inabalável

Jesus Cristo (o Messias), ontem e hoje, é o mesmo (sim) e o será para sempre.
Hebreus 13.8

Sentimentos ou emoções sempre mudam, portanto, você não pode depender deles. Como seguidor de Cristo, você deve aprender a viver pela verdade e sabedoria, e não por sentimentos e emoções.

O texto de 1 Coríntios 10.4 se refere a Jesus como a Rocha. Uma parte importante da natureza de Jesus é a sua maturidade emocional, o que inclui estabilidade inabalável. Durante o seu tempo na Terra, Jesus não se permitia ser dirigido por suas emoções. Ele foi dirigido pelo Espírito e, embora estivesse sujeito aos mesmos sentimentos que experimentamos em nossa vida diária, era sempre o mesmo.

E Ele ainda é o mesmo, e o será para sempre. Você pode seguramente colocar sua confiança nEle esta noite, sabendo que Ele não mudará, mas o ajudará a desenvolver o mesmo tipo de maturidade emocional e estabilidade que marcaram sua própria vida.

25 de Novembro

Faça da excelência um hábito

O justo anda na sua integridade.
Provérbios 20.7

A *integridade* é definida como "uma adesão firme a um código ou padrão de valores; solidez". Como cristão, seus padrões deveriam ser mais altos do que os das pessoas do mundo. O que um teste de integridade revelaria sobre você? É algo a pensar.

Pessoas de integridade são comprometidas com uma vida de excelência, buscando ser melhores ou ir além do que normalmente é esperado delas. A integridade significa que você faz a coisa certa mesmo quando ninguém está olhando e mantém sua palavra mesmo que isso lhe custe algo.

Eu o encorajo a fazer da excelência um hábito ao seguir o exemplo de Jesus, nosso padrão de integridade. Como representante de Deus, você foi chamado para mostrar ao mundo como Ele é e pode talvez ser a única "Bíblia" que algumas pessoas lerão.

26 DE NOVEMBRO

Busque a sabedoria de Deus

Mas, se alguém tem falta de sabedoria, peça a Deus, e ele a dará porque é generoso e dá com bondade a todos.
TIAGO 1.5 – NTLH

Se as coisas parecem tão complicadas que você não é mais capaz de desfrutar a vida como Deus planejou, é tempo de buscar a sabedoria de Deus. Deus quer que você o reconheça em todas as coisas e O busque, usando a sabedoria e tomando as melhores decisões que você puder tomar.

Por meio de uma simples oração, em qualquer lugar, você pode pedir a Deus a sabedoria sobre qualquer situação que esteja enfrentando. Antes de você se comprometer a participar de certas atividades, comprar coisas ou se envolver com outras pessoas, converse com Deus. Se você tiver paz sobre isso, então prossiga. Mas, se você não se sente bem a respeito, espere nEle.

Busque a sabedoria de Deus e tome decisões baseadas naquilo que você sente em seu espírito. Então prossiga, crendo que Deus o abençoará porque você o reconhece em suas decisões.

27 DE NOVEMBRO

Ouça a voz de Deus

As minhas ovelhas ouvem a minha voz; eu as conheço, e elas me seguem.
JOÃO 10.27

Uma das perguntas que as pessoas fazem frequentemente a mim é: "Como saber especificamente o que Deus quer que eu faça"?

Deus pode falar com você de todas as formas, mas frequentemente Ele usa a paz, a sabedoria e a voz da nossa consciência, que é uma voz mansa e suave dentro do nosso espírito, onde Ele nos diz o que é certo e o que é errado.

O Espírito Santo que habita em você fala ao seu espírito o que Ele quer que você faça. Seu espírito, então, comunica tal mensagem à sua mente, e sua mente é iluminada para tomar atitude.

Deus está falando com você! E Ele quer dirigi-lo em cada área de sua vida. Assim, deleite-se nEle, siga a paz e obedeça à voz da sua consciência.

28 de Novembro

Você colherá o que semear

Aquilo que o homem semear isso também ceifará.
Gálatas 6.7

Como representante de Deus aqui na Terra, seu propósito é fazer as coisas da forma certa e glorificar a Deus. Quando você faz o que é certo, traz glória a Deus ao manifestar a excelência dEle de forma prática.

Uma maneira de você trazer glória a Deus é o modo como trata as pessoas. Há muitas maneiras práticas de você ser uma bênção para os outros. Você pode edificar os outros simplesmente ao elogiá-los. Você pode expressar sua apreciação e reconhecimento pelas pessoas ao lhes dar um abraço ou escrever um bilhete encorajando-as.

Você pode também aproveitar as oportunidades ao ouvir as pessoas e ajudá-las quando precisarem. Você pode acreditar no melhor a respeito dos outros e oferecer perdão àqueles que o ofenderam.

Eu o encorajo a tratar a todos com amor e respeito. Você não somente glorificará a Deus, mas também receberá bênçãos quando colher o que está semeando.

29 de Novembro

Desenvolva a mente do Espírito

Porque o pendor da carne (senso e razão sem o Espírito Santo) dá para a morte, mas o do Espírito, para a vida e paz.
Romanos 8.6

Como uma jovem cristã, eu sempre tentava imaginar o "porquê" por trás de tudo e planejar excessivamente algo de forma antecipada. Mas um dia Deus exigiu que eu desistisse disso. Ele me mostrou que o racionalismo é o oposto da fé.

A Bíblia nos diz que agir conforme a mente da carne é sentir e raciocinar sem o Espírito Santo. Isso significa ser hostil a Deus, ao recusar-se a submeter-se a seus caminhos. Mas agir conforme a mente do Espírito traz vida e paz à alma.

Se você quer se ver livre do hábito de tentar resolver tudo sozinho, pode desenvolver a mente do Espírito ao constantemente renovar sua mente com a Palavra. Pouco a pouco, a Palavra lançará fora os pensamentos errados e os substituirá com a verdade. Siga essa verdade em vez de seguir sua própria habilidade em resolver as coisas e terá uma nova vida cheia de paz.

30 DE NOVEMBRO

Siga com Deus

Vinde a mim todos os que (trabalhais e) estais cansados e sobrecarregados, e eu vos aliviarei (Eu vos reconfortarei, socorrerei e restaurarei suas almas). Tomai sobre vós o meu jugo e aprendei de mim, porque sou manso (gentil) e humilde de coração; e achareis descanso (alívio, largueza, refrigério, recreação e uma quietude abençoada) para a vossa alma. Porque o meu jugo é suave, e o meu fardo é leve.
MATEUS 11.28-30

Isso soa agradavelmente, não é? Eu já tive sobrecarga demais em minha vida e desejo desfrutar a liberdade. Quando você está subjugado com os cuidados da vida, precisa de alguma ajuda. Sua mente precisa descansar da preocupação, suas emoções precisam descansar da agitação e você precisa de um descanso da rebelião e obstinação. Assim, você precisa se humilhar o bastante para clamar a Deus e dizer: "Socorro"!

O seu começo não tem de ditar seu final. Deixe Deus se envolver em cada área de sua vida e permita que Ele o leve ao descanso verdadeiro.

1º de Dezembro

Acalme a tempestade

E ele, despertando, repreendeu o vento e disse ao mar: Acalma-te, emudece! O vento se aquietou, e fez-se (imediatamente) grande bonança (paz perfeita).
Marcos 4.39

Quando Jesus e os discípulos estavam atravessando o lago e uma tempestade surgiu, os discípulos entraram em pânico. Eles se encontravam numa tempestade interior, além da tempestade ao seu redor. Mas quando Jesus disse "Aquietem-se", tais palavras saíram do poço de paz que havia dentro dEle, e imediatamente o vento e as ondas se acalmaram.

Você não pode repreender as tempestades em sua vida se tiver uma tempestade dentro de si mesmo. Devemos manter a paz ao confiarmos em Deus. Não fique furioso com Deus porque você não obteve a resposta à sua oração. Não fique furioso com Deus porque seu amigo obteve uma promoção no trabalho e você, não. Não fique furioso com Deus porque seu amigo se casou e você ainda está solteiro. Confiar em Deus em cada situação é a única forma de acalmar as tempestades interiores.

2 de Dezembro

Sonhos e visões

Não havendo profecia [nenhuma redentiva revelação de Deus], o povo se corrompe.
Provérbios 29.18

Os israelitas não tinham uma visão positiva para a vida deles e nem sonhos. Eles sabiam de onde vinham, mas não sabiam aonde deveriam ir. Tudo era baseado naquilo que eles já tinham visto e conseguiam ver. Eles não sabiam como ver com os olhos da fé.

Jesus veio para abrir as portas das prisões e libertar os cativos. Você somente começará a progredir quando começar a crer que pode experimentar a liberdade. Você deve ter uma visão positiva para sua vida, uma visão para o futuro que não é determinada pelo seu passado ou pelas suas circunstâncias presentes.

Exercite sua fé esta noite e tenha uma perspectiva positiva daquilo que Deus tem planejado para você. Comece a "chamar as coisas que não são como se já fossem" (veja Romanos 4.17). Fale a respeito do seu futuro de forma positiva, de acordo com o que Deus tem colocado em seu coração.

3 de Dezembro

Uma herança de paz

Deixo-vos a paz, a minha [própria] paz vos dou (e vos deixo); não vo-la dou como a dá o mundo. Não se turbe o vosso coração, nem se atemorize.
João 14.27

A palavra *deixar* nesse versículo é usada na execução de testamentos. Antes da morte, as pessoas geralmente deixam suas possessões, especialmente coisas de valor, como uma bênção para aqueles que elas amam e permanecem vivos.

Jesus sabia que estava prestes a sair deste mundo e queria nos deixar algo. Ele poderia ter deixado muitas coisas boas, como seu poder e seu nome, e Ele o fez. Mas Jesus também nos deixou Sua paz.

Você não deixaria bobagens às pessoas que você ama, mas deixaria o melhor. Jesus tinha um tipo especial de paz que superava tudo o que a humanidade tinha conhecido. Ele sabia que essa era uma das coisas mais preciosas que poderia dar. Peça e receba sua herança nesta noite!

4 de Dezembro

Um calmo deleite

Tu me farás ver os caminhos da vida; na tua presença há plenitude de alegria, na tua destra, delícias perpetuamente.
Salmos 16.11

Quando você pensa na alegria, pode, imediatamente, lembrar-se daquelas pessoas alegres que você conhece e que estão animadas o tempo todo, e talvez você não seja assim. Eu também não sou assim. Mas, para nós que tendemos a ser mais sérios, é importante que também aprendamos como ter alegria, descontrair-nos e nos divertir um pouco.

O que é alegria e em que ela se baseia? A *alegria* é definida como um "brado, uma proclamação que pode manifestar-se em canção; um calmo deleite". Sua alegria não é baseada em suas circunstâncias. A felicidade pode ser baseada naquilo que está acontecendo a você, mas a alegria, não. A alegria como fruto do Espírito é como um poço profundo que se encontra em seu interior. Não é fruto da sua circunstância.

Não importa o que você esteja enfrentando, ainda pode ter alegria em meio a tudo isso. Aprenda a permanecer em meio a um calmo deleite.

5 DE DEZEMBRO

Suas palavras

Mas o Senhor me disse: Não digas: Não passo de uma criança; porque a todos a quem eu te enviar irás; e tudo quanto eu te mandar falarás. Não temas diante deles, porque eu sou contigo para te livrar, diz o Senhor. Depois, estendeu o Senhor a mão, tocou-me na boca e o Senhor me disse: Eis que ponho na tua boca as minhas palavras.

JEREMIAS 1.7-9

Deus chamou Jeremias para ser um "profeta das nações", mas Ele teve de corrigir as palavras de Jeremias antes de poder usá-lo. Não é diferente com você. Você deve compreender que quando Deus o chama para fazer algo você não deveria dizer que não pode fazê-lo. Se Deus diz que você pode, então você pode! Da mesma forma, frequentemente falamos das nossas inseguranças ou verbalizamos aquilo que os outros têm dito sobre nós ou o que o diabo nos disse. Decida esta noite que de agora em diante você dirá sobre si mesmo o que Deus diz a seu respeito.

6 DE DEZEMBRO

Um caminho mais profundo

Quando acabou de falar, disse a Simão (Pedro): Faze-te ao largo (às águas profundas), e lançai as vossas redes para pescar.

LUCAS 5.4

A fé é depositada no espírito. Romanos 12.3 diz que cada homem recebe de Deus uma medida de fé. A fé é uma força que se encontra em seu espírito e pode realizar grandes coisas, mas deve ser liberada para ter algum valor.

Se você tem fé em seu coração para fazer algo, mas começa a aconselhar-se com sua mente, os pensamentos negativos, duvidosos e cheios de incredulidade poderão dizer justamente o contrário daquilo que a fé está lhe dizendo. Se sua mente crê em algo que é o oposto ao que o seu espírito está lhe dizendo, você deve ir para um lugar mais profundo.

Você quer muitas bênçãos em sua vida? Se a resposta é sim, então, como os discípulos, você deve deixar os lugares rasos da sua alma, ou seja, aquilo que pensa e sente, para uma vida mais profunda em Deus – aquilo que você conhece profundamente em seu espírito.

7 DE DEZEMBRO

Pelo seu Espírito

Não por força nem por poder, mas pelo meu Espírito [de quem o óleo é um símbolo], diz o Senhor dos Exércitos.
ZACARIAS 4.6

É somente pelo poder do Espírito Santo em seu espírito que você pode, verdadeiramente, ter sucesso na vida. Em sua própria força, você simplesmente se tornará cansado e frustrado. Mas, ao permitir que o Espírito Santo trabalhe por intermédio de você, isso lhe trará contentamento e profunda alegria. Você precisa entregar seus problemas a Deus e passar tempo fazendo algo em favor daqueles que estão machucados ao seu redor. Pela unção do Espírito Santo, você pode fazer tudo.

A alegria verdadeira vem ao sermos vasos usados para a glória de Deus. No final deste dia, deixe Deus escolher *para onde* Ele deseja levá-lo, *o que* Ele fará com você e *quando* Ele deve fazê-lo sem discutir a respeito disso. Uma coisa é *desejar* fazer *tudo* para a glória de Deus (1 Coríntios 10.31); outra é desejar fazer *qualquer coisa* por Ele.

8 DE DEZEMBRO

Exercite o autocontrole

Com o [exercício do] conhecimento, [desenvolve-se] o domínio próprio; com [exercício do] o domínio próprio, [desenvolve-se] a perseverança; com [exercício da] a perseverança, [desenvolve-se] a piedade.
2 PEDRO 1.6

Jesus não somente ordenou que você não permitisse que seu coração ficasse atormentado e temeroso, mas Ele também disse: "Não permitam-se estar perturbados ou agitados, nem amedrontados, intimidados, acovardados e descontrolados". (João 14.27–Amplificada.)

Você pode escolher não permanecer perturbado. Se você está próximo de alguém cuja opinião valoriza, é surpreendente como é mais fácil controlar-se diante dessa pessoa. É muito mais difícil permanecer calmo quando você está ao redor de pessoas a quem não precisa impressionar.

Quando começar a se descontrolar, pense que somente uma coisa pode terminar com isso. Você tem de deter esse sentimento exercendo o domínio próprio, tem de acalmar-se e dizer: "Não, não perderei o controle". Você precisa se lembrar de que, onde quer que vá, deve ser uma testemunha dAquele a Quem você serve e ama.

9 DE DEZEMBRO

Mas pela graça...

A mim, que, noutro tempo, era blasfemo, e perseguidor, e insolente (agressivamente insultando a Ele). Mas obtive misericórdia, pois o fiz na ignorância, na incredulidade.

1 TIMÓTEO 1.13

Nesse versículo, Paulo fala do seu passado quando, agressivamente e de forma determinada, ele perseguia os cristãos e os apedrejava, açoitava e aprisionava. Sua ignorância era tamanha que ele realmente acreditava que estava agradando a Deus com isso, mas quando Jesus lhe apareceu na estrada de Damasco, as escamas caíram-lhe dos olhos e ele enxergou a verdade (veja Atos 9). Paulo percebeu naquele momento que ele era um pecador, e a graça de Deus tornou-se uma realidade viva em sua vida.

Na cruz, Jesus disse: "Pai, perdoa-lhes, porque não sabem o que fazem" (Lucas 23.34). Estêvão, ao ser apedrejado, disse: "Senhor, não lhes imputes este pecado"! (Atos 7.60). O que Jesus, Paulo e Estêvão tinham em comum? Eles proclamaram a graça de Deus às pessoas que eram enganadas e ignorantes.

Lembre-se de quanta misericórdia e graça Deus tem derramado sobre você, e certamente você poderá estender essa graça de Deus a outros.

O jogo da culpa

Então, disse o homem: A mulher que me deste por esposa, ela me deu da árvore, e eu comi. Disse o Senhor Deus à mulher: Que é isso que fizeste? Respondeu a mulher: A serpente me enganou, e eu comi.
GÊNESIS 3.12-13

O problema tem se manifestado desde o começo do mundo. Quando confrontados pelo seu pecado no jardim do Éden, Adão e Eva culparam um ao outro, a Deus e ao diabo. Essa indisposição de assumir a responsabilidade pessoal e tentar culpar a tudo e a todos, o que pode parecer conveniente, é a maior causa de não vivermos de forma vitoriosa. No deserto, os israelitas queixavam-se de que todos os seus problemas eram causados por Deus e Moisés. Esse foi um dos maiores fatores que os manteve vagando no deserto por quarenta anos, quando eles poderiam estar vivendo na terra prometida.

Não há nada mais doloroso emocionalmente do que enfrentar a verdade sobre si mesmo e suas atitudes. Por ser algo doloroso, a maioria das pessoas foge disso. Admitir seus próprios erros e fraquezas é difícil, mas é a única forma de encontrar a liberdade.

Busque agradar a Deus

Servos, obedecei em tudo ao vosso senhor segundo a carne, não servindo apenas sob vigilância, visando tão-somente agradar homens, mas em singeleza de coração, temendo ao Senhor (por causa de sua reverência ao Senhor, e como uma sincera expressão de sua devoção a Ele).
COLOSSENSES 3.22

Esse versículo lhe diz que você deve ser um empregado bom, fiel, leal, útil e esforçado. Você deve realizar um bom trabalho com uma boa atitude. Não deve ser hipócrita, mostrando ao seu chefe o que pensa que ele gostaria de ver e, então, fazer algo diferente quando ele não está por perto. Você precisa ser sincero, verdadeiro, honesto e confiável.

Terminado bem seu dia

Você sabe o que acontece quando faz seu trabalho com todo seu coração e alma, não querendo agradar a homens, mas a Deus? Você receberá sua recompensa diretamente de Deus e não de seu chefe. Você pode buscar ao Senhor pela recompensa que você verdadeiramente merece. Decida agradar a Deus, e as bênçãos dEle o seguirão.

12 DE DEZEMBRO

Entre no descanso de Deus

E, juntamente com ele, nos ressuscitou, e nos fez assentar nos lugares celestiais (pela virtude de estarmos) em Cristo Jesus;
EFÉSIOS 2.6

Há trechos na Bíblia que descrevem que Jesus, após a ressurreição, está assentado nos céus, à destra de Deus. Podemos pensar que Jesus permanecendo em pé poderia parecer mais poderoso, mas estar assentado revela um significado especial.

Sob a lei, quando o sumo sacerdote entrava no Santo dos Santos para fazer sacrifícios pelo pecado das pessoas, ele não podia se assentar. Ele tinha de permanecer movimentando-se e trabalhando o tempo inteiro. Se as campainhas de suas vestes parassem de tocar, isso significaria que ele teria feito algo errado e que teria morrido.

Eis por que é tão maravilhoso que Jesus tenha subido ao céu e esteja assentado como nosso sumo sacerdote. Ele entrou no descanso de Deus. Como herdeiros com Cristo, também podemos nos assentar. Não mais precisamos trabalhar e nos esforçar para expiar nossos pecados. Escolha descansar na presença de Deus esta noite.

13 DE DEZEMBRO

Uma grande dose de humildade

Portanto, és indesculpável, ó homem, quando julgas, quem quer que sejas; porque, no que julgas a outro, a ti mesmo te condenas; pois praticas as próprias coisas que condenas (censuras e denúncias).
ROMANOS 2.1

A *humildade* é definida como "libertação do orgulho e da arrogância... uma modesta estimativa da nossa própria dignidade". Na teologia, isso significa ter a consciência dos seus próprios defeitos. Frequentemente julgamos outras pessoas porque realmente não temos plena consciência das nossas próprias falhas.

Olhamos para todos os outros através de uma lente de aumento, mas observamos a nós mesmos através de lentes cor-de-rosa. Para os outros, caso cometam erros, "não há desculpas", mas para nós há sempre uma boa razão para nosso comportamento.

A Bíblia diz: "Humilhai-vos, portanto, sob a poderosa mão de Deus, para que ele, em tempo oportuno, vos exalte" (1 Pedro 5.6). Examine seu próprio coração e suas atitudes e humilhe-se diante de Deus.

Deus nos dá oportunidade para nos humilharmos, mas, se nos recusarmos a fazê-lo, Ele nos humilhará. Assim, ore para Deus torná-lo consciente das áreas que precisam de atenção e recuse-se a julgar os outros.

14 de Dezembro

O Ajudador

Mas o Consolador (Ajudador, Intercessor, Advogado, Fortalecedor, Apoiador), o Espírito Santo, a quem o Pai enviará em meu nome (em meu lugar, representando-me e agindo em meu nome), esse vos ensinará todas as coisas e vos fará lembrar de tudo o que vos tenho dito.

João 14.26

Como a terceira pessoa da trindade, o Espírito Santo tem uma personalidade. Ele pode ser ofendido e entristecido, por isso deve ser tratado com grande respeito. Uma vez que você compreende que o Espírito vive dentro daqueles que creem, deve fazer tudo para que Ele se sinta confortável. O Espírito Santo é um cavalheiro. Ele não impõe seus caminhos em nossas atividades diárias. Se receber um convite, Ele está pronto a responder, mas deve ser convidado.

O Espírito Santo está sempre disponível. A Bíblia Amplificada diz que Ele é nosso Ajudador. Essa é uma descrição maravilhosa! Pense nEle disponível e de prontidão, caso você precise de algo. Não importa o que você possa enfrentar todo dia, o Espírito Santo está ao seu lado. Convide-o a envolver-se em tudo o que você fizer.

15 DE DEZEMBRO

Terminando a jornada

Tomou Terá a Abrão, seu filho, e a Ló, filho de Harã, filho de seu filho, e a Sarai, sua nora, mulher de seu filho Abrão, e saiu com eles de Ur dos caldeus, para ir à terra de Canaã; foram até Harã, onde ficaram.

GÊNESIS 11.31

Deus deu ao pai de Abraão uma oportunidade para ir ao lugar de sua bênção: Canaã. Mas, em vez de seguir todo o caminho com o Senhor, Terá escolheu parar e permanecer em Harã. Muitos crentes fazem a mesma coisa que Terá fez. Eles começam a jornada e param em qualquer outro lugar ao longo do caminho.

É fácil ficar empolgado a princípio quando Deus nos chama a fazer algo. Mas muitas vezes nunca terminamos o que começamos porque a estrada parece difícil. Seria muito bom colher os benefícios da jornada sem realmente ter de deixar a zona de conforto, mas não funciona dessa forma. Para receber suas bênçãos, você deve prosseguir até a linha de chegada.

16 DE DEZEMBRO

Não olhe para trás

Ao anoitecer, pode vir o choro, mas a alegria vem pela manhã.

SALMOS 30.5

Eclesiastes 3 nos diz que há um tempo para tudo, um tempo para chorar e lamentar, um tempo para rir e se divertir. Você seria alguém frio e sem compaixão se experimentasse a perda e não sentisse nada. Mas, após um tempo, você deve deixar o que fica para trás e prosseguir. Se não o fizer, o passado destruirá seu futuro.

Deus disse: "Moisés, meu servo, é morto; dispõe-te, agora, passa este Jordão, tu e todo este povo, à terra que eu dou aos filhos de Israel. Todo lugar que pisar a planta do vosso pé, vo-lo tenho dado, como eu prometi a Moisés". (Josué 1.2-3.)

Como os filhos de Israel, Deus quer que você deixe o passado e conquiste uma nova terra. Não passe o resto de sua vida se lamentando sobre o que você perdeu. Siga em frente e não olhe para trás.

17 de Dezembro

Evite o ouvido seletivo

Fazei tudo o que ele vos disser.
João 2.5

Uma verdade interessante sobre sua habilidade para ouvir a voz de Deus é que quando você não deseja ouvir algo a respeito de uma área em sua vida isso pode levá-lo a tornar-se incapaz de ouvir a Deus em outras áreas. Algumas vezes, você se faz de surdo para algo que sabe que Deus está claramente lhe falando. Isso se chama "audição seletiva". Após algum tempo, as pessoas pensam que elas não conseguem mais ouvir a Deus, mas, na verdade, há muitas coisas que elas sabem que Deus quer que façam e elas não fazem.

Se você realmente quer ouvir a Deus, não pode aproximar-se dEle com uma audição seletiva, esperando ouvir apenas aquilo que gostaria de ouvir. Não vá a Deus simplesmente quando você quer ou precisa de algo, mas passe tempo com Ele apenas ouvindo-O, e Ele falará com você sobre muitas questões se você apenas se aquietar e ouvir. Então, esteja certo de obedecer à orientação dEle.

18 de Dezembro

Não tão difícil

Porque este mandamento que, hoje, te ordeno não é demasiado difícil, nem está longe de ti.
Deuteronômio 30.11

Você já foi surpreendido dizendo a Deus: "Sei o que Senhor quer que eu faça, mas isso é muito difícil"? O inimigo tenta injetar essa frase em sua mente para que você desista, mas esse versículo assegura que, mesmo quando as coisas parecem impossíveis, nada do que Deus espera de você é muito difícil para realizar.

A razão dos comandos de Deus não serem tão difíceis é porque Ele lhe dá seu próprio Espírito para trabalhar em você poderosamente e ajudá-lo em tudo o que Ele lhe pedir. As coisas se tornam difíceis quando você tenta fazê-las por si mesmo, sem depender ou confiar na graça de Deus.

Terminado bem seu dia

Se você sabe o que Deus está lhe pedindo para fazer, não desista simplesmente porque parece difícil. Quando as coisas se tornam difíceis, passe mais tempo com Deus, dependa mais dEle e receba mais da sua graça. (Hebreus 4.16.)

19 DE DEZEMBRO

Palavras de vida

A morte e a vida estão no poder da língua; o que bem a utiliza come do seu fruto.
PROVÉRBIOS 18.21

Pense sobre isto por um momento: a morte e a vida estão no poder da língua. Você faz ideia do 0que isso realmente significa? Isso significa que vivemos com um tremendo poder, não como o fogo ou a eletricidade ou a energia nuclear, mas algo bem debaixo do nosso nariz. Essa é uma fonte de energia que pode produzir morte ou vida, dependendo do modo como é usada.

Com esse poder, você tem capacidade de fazer um grande bem ou grande mal, um grande benefício ou um grande dano. Você pode usar a língua para trazer morte e destruição ou para trazer vida e saúde. Você pode declarar doença, tragédias, confusão e desastres ou pode trazer cura, harmonia, exortação e edificação. Esta noite, escolha falar vida a cada situação.

20 DE DEZEMBRO

O amor não é egoísta

O amor é paciente (espera bastante), é benigno; o amor não arde em ciúmes (nem é invejoso), não se ufana (ou se vangloria), não se ensoberbece (não é arrogante ou orgulhoso), não se conduz inconvenientemente (não é rude, descortês), (o amor de Deus em nós) não procura os seus interesses (nem em fazer as coisas de seu próprio modo), não se exaspera, não se ressente do mal.
1 CORÍNTIOS 13.4-5

Por que começamos as guerras a respeito de coisas tão pequenas? Geralmente é porque queremos estar certos e queremos as coisas do nosso jeito, o que significa egoísmo. A solução é o amor. Você simplesmente deve aprender a amar a paz e a harmonia, e amá-las com todo seu coração. Você precisa amá-las mais do que você ama estar com a razão ou obter as coisas do seu jeito.

Eis o que Paulo quis dizer quando afirmou: "Dia após dia, morro"! (1 Coríntios 15.31). Morrer para si mesmo é algo que você e eu temos de fazer diariamente se pretendemos manter a paz e harmonia com os outros. Pode ser doloroso para nossa carne adaptar-se ou ajustar-se a alguém em vez de lutar pelos seus direitos, mas, no final, colheremos uma vida de paz e alegria, que é uma grande recompensa.

21 DE DEZEMBRO

Paz na casa

Completai a minha alegria (vivendo em harmonia), de modo que penseis a mesma coisa (mesma mente e propósito), tenhais o mesmo amor, sejais unidos de alma, tendo o mesmo sentimento (vivendo em pleno acordo, de uma mente e intenção harmoniosas).

FILIPENSES 2.2

Quando Jesus enviou os discípulos de dois em dois para fazer milagres, sinais e maravilhas, em essência, lhes disse: "Quando vocês entrarem numa casa, digam: 'Paz seja nesta casa!' Se essa paz estabelecer-se naquela casa, vocês podem permanecer ali. Caso contrário, sacudam o pó de vossos pés e procurem outro lugar. (veja Marcos 6.7-11; Lucas 10.5-6.)

Um dia Deus me mostrou o que Jesus estava realmente lhes dizendo: "Eu quero que vocês saiam com unção, mas, para fazer o que precisa ser feito, deve haver paz na casa". Você precisa fazer o que puder para manter a paz em sua casa porque isso afeta dramaticamente a unção e o poder de Deus que repousa em sua vida. Mantenha a contenda fora de sua vida! Sem paz... sem poder! Conheça a paz e conhecerá o poder!

22 DE DEZEMBRO

Encoraje e edifique

Não tenha cada um em vista o que é [meramente] propriamente seu, senão também cada qual o que é [de interesse] dos outros.

FILIPENSES 2.4

Terminado bem seu dia

No momento em que alguém o machuca, no momento que você experimenta frustração, o diabo começa a sussurrar mentiras sobre como você foi injustamente tratado. Tudo o que você precisa fazer é ouvir os pensamentos que correm em sua mente durante esses momentos, e rapidamente perceberá como o inimigo usa a autopiedade para mantê-lo em escravidão. Contudo, a Palavra de Deus não lhe dá qualquer liberdade para sentir pena de si mesmo.

Em vez disso, devemos nos encorajar e edificar uns aos outros no Senhor.

Há um dom de compaixão que significa ter piedade das pessoas que estão sofrendo, mas a autopiedade é uma perversão, porque ela toma algo que Deus pretendia que você desse aos outros para usá-la em seu próprio benefício.

Você deve viver sua vida como 1 Tessalonicenses 5.11 diz: "Consolai-vos, pois, uns aos outros e edificai-vos reciprocamente, como também estais fazendo".

23 DE DEZEMBRO

Ele ri por último

Os reis da terra se levantam, e os príncipes conspiram contra o Senhor e contra o seu Ungido (o Messias, o Cristo), dizendo: Rompamos os seus laços e sacudamos de nós as suas algemas. Ri-se aquele que habita nos céus; o Senhor (grande desdém) zomba deles.
SALMOS 2.2-4

Quando os inimigos de Jesus juntam-se contra Ele, assentado nos céus, Ele ri. Jesus é o Alfa e o Ômega, o Começo e o Fim, e assim Ele já sabe como as coisas vão terminar.

Passamos muito tempo observando o que está ocorrendo agora em vez de olharmos para a linha de chegada. Como Abraão, você pode rir a risada da fé. Quando Deus lhe disse que faria o impossível, ou seja, que embora ele fosse tão velho Deus lhe daria um filho, Abraão riu! (Veja Gênesis 17.17.)

Esta noite, ria com confiança na cara do inimigo. Deus já venceu!

24 DE DEZEMBRO

Incomum e extraordinário

Ora, àquele que é poderoso [capaz de cumprir seu propósito e] fazer infinitamente (super abundantemente além e acima) mais do que tudo quanto (ousadamente) pedimos ou pensamos [infinitamente além das nossas mais sublimes orações, desejos, pensamentos, esperanças e sonhos mais elevados], conforme (em consequência da ação do) o seu poder que opera em nós.

EFÉSIOS 3.20

Deus usa pessoas comuns que possuem alvos e sonhos extraordinários. Você não deve ser feliz por ser como a maioria. A maioria aceita aquilo que é normal. E isso não é ruim, mas também não é excelente. É simplesmente o suficiente para prosseguir, e não é isso que Deus lhe deseja. Você não serve a um Deus medíocre. Portanto, você não tem de acomodar-se com uma vida medíocre.

Cada pessoa pode ser poderosamente usada por Deus. Você pode fazer coisas grandes e extraordinárias se acreditar que Deus pode usá-lo e se você for ousado o suficiente para ter alvos e visões incomuns. Essas coisas podem não fazer sentido para sua mente, portanto, você tem de crer em Deus para isso.

25 DE DEZEMBRO

Algo santo

No sexto mês, foi o anjo Gabriel enviado, da parte de Deus, para uma cidade da Galiléia, chamada Nazaré, a uma virgem desposada com certo homem da casa de Davi, cujo nome era José; a virgem chamava-se Maria. E, entrando o anjo onde ela estava, disse: Alegra-te, muito favorecida! O Senhor é contigo. Ela, porém, ao ouvir esta palavra, perturbou-se muito e pôs-se a pensar no que significaria esta saudação. Mas o anjo lhe disse: Maria, não temas; porque achaste graça diante de Deus. Eis que conceberás e darás à luz um filho, a quem chamarás pelo nome de Jesus.

LUCAS 26-28,31

Quando Gabriel apareceu a Maria, o Espírito Santo veio sobre ela e plantou em seu ventre "algo santo". Essa semente era o Filho de Deus, enviado para libertar a humanidade do pecado.

Terminado bem seu dia

Quando você nasce de novo, "algo santo", ou seja, o Espírito Santo, é plantado em você. Quando você rega essa semente com a Palavra de Deus, ela cresce e se torna uma árvore gigante de justiça, "a fim de que se chamem carvalhos de justiça, plantados pelo Senhor para a sua glória". (Isaías 61.3.)

26 DE DEZEMBRO

Remova a vergonha

Disse mais o Senhor a Josué: Hoje, removi de vós o opróbrio do Egito; pelo que o nome daquele lugar se chamou Gilgal até o dia de hoje.

JOSUÉ 5.9

O Senhor ordenou que todos os homens israelitas fossem circuncidados, já que não o tinham sido durante todos os quarenta anos de caminhada pelo deserto. Após tê-lo feito, o Senhor disse a Josué que Ele estava removendo o opróbrio (vergonha, desgraça e vexame) do Egito do meio do seu povo.

Quando Deus disse isso, Ele estava fazendo algo especial. O Egito representa o mundo. Após alguns anos vivendo neste mundo, todos nós precisamos que seu opróbrio seja removido de nossa vida.

Para Deus remover a vergonha do mundo de sua vida, você deve receber por si mesmo o perdão que Ele oferece por todos seus pecados do passado. É impossível merecermos as bênçãos de Deus; somente podemos humildemente aceitá-las e desfrutá-las, estando conscientes do quanto Ele é bom e quanto Ele nos ama.

27 DE DEZEMBRO

Cuide de sua própria vida

Vendo-o (a João), pois, Pedro perguntou a Jesus: E quanto a este? Respondeu-lhe Jesus: Se eu quero que ele permaneça (sobreviva, viva) até que eu venha, que te importa (Em que isso lhe diz respeito?)? Quanto a ti, segue-me.

JOÃO 21.21-22

Jesus estava falando com Pedro sobre as dificuldades que ele teria de enfrentar para servir e glorificar a Deus. Logo que Jesus terminou de falar, Pedro voltou-se, apontou para João e, imediatamente, perguntou a Jesus qual era a vontade dEle para João. Pedro queria certificar-se de que, se ele iria passar por dificuldades, João também passaria. Jesus, polidamente, disse a Pedro que cuidasse de sua própria vida.

Você deve se sentir encorajado pelo fato de que os discípulos de Jesus lutaram com muitas das coisas com as quais você luta. Inveja, ciúme e comparação com outros é infantilidade. Assim como fez com os discípulos, Jesus tem grande paciência com você. Mas isso nos ajuda a lembrar de que cuidar de nossa própria vida é mais do que suficiente para nós.

28 DE DEZEMBRO

Aprenda a desfrutá-Lo

Porém tu, ó Deus perdoador, clemente e misericordioso, tardio em irar-te e grande em bondade.
NEEMIAS 9.17

O mais alto chamado em sua vida é desfrutar a presença de Deus, mas você não pode desfrutá-Lo se estiver convencido de que Ele está aborrecido com você. Jesus veio para libertá-lo do tipo errado de temor em seu relacionamento com seu Pai celestial. Você deve descansar na presença dEle. Você precisa ter temor reverente, o tipo de temor que provoca respeito, honra e obediência, mas deve se recusar a crer que Deus esteja irado com você.

Você não é surpresa para Deus. Jeremias 1.5 declara que Deus o conhecia antes que você fosse formado no ventre! Ele sabia o que estava fazendo quando o levou a um relacionamento com Ele. Ele já sabia as coisas que faríamos de errado no futuro. Deus não é alguém tão difícil de se relacionar como você pensa. E não é seu pecado que o afasta de Deus, é sua incredulidade!

29 DE DEZEMBRO

Permaneça em unidade

Oh! Como é bom e agradável viverem unidos os irmãos!
SALMOS 133.1

Terminado bem seu dia

Um grande poder foi manifestado entre os crentes da igreja primitiva. Atos 2.46 diz por que "diariamente perseveravam unânimes no templo, partiam pão de casa em casa e tomavam as suas refeições com alegria e singeleza de coração".

Eles tinham a mesma visão, o mesmo alvo e estavam prosseguindo na mesma direção. Eles oravam em concordância (veja Atos 4.24), viviam em harmonia (Atos 2.44), cuidavam uns dos outros (Atos 2.46), satisfaziam as necessidades uns dos outros (Atos 4.34) e viviam uma vida de fé (Atos 4.31). A igreja primitiva vivia em unidade e operava em grande poder.

Agora a Igreja está dividida em facções intermináveis com diferentes opiniões sobre tudo. Mesmo nas congregações, há indivíduos lutando pelas diferenças mais insignificantes. Quando, finalmente, virmos Jesus face a face, certamente descobriremos que nenhum de nós estava cem por cento certo. Somente o amor mantém as pessoas juntas. Assuma o compromisso de fazer o que for necessário para viver em unidade e descobrirá como isso é bom!

30 DE DEZEMBRO

Ele é forte

Nós (somos) fracos.
1 CORÍNTIOS 4.10

Precisamos de ajuda, e muita ajuda. Jeremias 10.23 diz: "Eu sei, ó Senhor, que não cabe ao homem determinar o seu caminho, nem ao que caminha (por mais forte que seja) o dirigir os seus [próprios] passos". É realmente impossível ao homem cuidar de forma adequada da sua própria vida. Admitir esse fato não é sinal de fraqueza, é sinal de maturidade espiritual. Você é fraco, a menos que encontre sua força em Deus, e quanto mais rapidamente você assumir isso será melhor.

As pessoas têm posição, riqueza e poder, mas não têm o que realmente importa: bons relacionamentos, posição correta com Deus, paz, alegria, satisfação, contentamento, boa saúde e a habilidade de desfrutar a vida. Nem tudo que parece bom é bom!

Você pode ter tentado arduamente fazer as coisas funcionarem da forma certa e, ainda assim, ter falhado. Seu problema não é que você seja um fracasso. Seu problema, simplesmente, é que você não está buscando a fonte certa para sua ajuda.

31 de Dezembro

Algo novo

Eis que faço coisa nova, que está saindo à luz; porventura, não o percebeis (não notais nem atentais para isso)?
Isaías 43.19

Você se sente cansado de fazer as mesmas coisas o tempo todo? Você quer fazer algo diferente, mas nem sabe o que fazer ou tem medo de tentar algo novo que está pensando em fazer?

Frequentemente você entra numa rotina, fazendo a mesma coisa o tempo todo, embora esteja farto disso, porque teme começar algo diferente. Você prefere estar seguro e entediado a empolgado e vivendo além de certos limites. Há certo conforto na mesmice, e você pode não gostar dela, mas está familiarizado com isso.

Deus, porém, nos criou com a necessidade e o desejo de buscar a diversidade e a variedade. Você precisa de inovação e novidade em sua vida.

Enquanto este ano e este dia chegam ao fim, tome uma decisão de qualidade de entrar nas coisas novas que Deus tem para você. E não se esqueça de desfrutar sua vida!

Sobre a Autora

Joyce Meyer é uma das líderes no ensino prático da Bíblia no mundo. Renomada autora de *best-sellers* pelo *New York Times*, seus livros ajudaram milhões de pessoas a acharem esperança e restauração através de Jesus Cristo.

Através dos *Ministérios Joyce Meyer* ela ensina sobre centenas de assuntos, é autora de mais de oitenta livros e realiza aproximadamente quinze conferências por ano. Até hoje, mais de doze milhões de seus livros foram distribuídos mundialmente, e em 2007 mais de 3.2 milhões de cópias foram vendidas. Joyce também tem um programa de TV e de rádio, *Desfrutando a Vida Diária* ®, o qual é transmitido mundialmente para uma audiência potencial de três bilhões de pessoas. Acesse seus programas a qualquer hora no site www.joycemeyer.com.br

Após ter sofrido abuso sexual quando criança e a dor de um primeiro casamento emocionalmente abusivo, Joyce descobriu a liberdade de viver vitoriosamente aplicando a Palavra de Deus à sua vida, e deseja ajudar outros a fazerem o mesmo. Desde sua batalha contra um câncer no seio até as lutas da vida diária, ela fala de maneira franca e prática sobre sua experiência para que outros possam aplicar o que ela aprendeu às suas vidas.

Ao longo dos anos, Deus tem dado a Joyce muitas oportunidades de compartilhar o seu testemunho e a mensagem de mudança de vida do Evangelho. De fato, a revista *Time* a selecionou como uma das mais influentes líderes evangélicas dos Estados Unidos. Sua vida é um incrível testemunho do dinâmico e restaurador trabalho de Jesus Cristo. Ela crê e ensina que, independentemente do passado da pessoa ou dos erros. Deus tem um lugar para ela e pode ajudá-la em seus caminhos para desfrutar a vida diária.

Joyce tem um merecido PhD em teologia pela Universidade Life Christian em Tampa, Florida; um honorário doutorado em divindade pela Universidade Oral Roberts em Tulsa, Oklahoma; e um honorário doutorado em teologia sacra pela Universidade Grand Canyon em Phoenix, Arizona. Joyce e seu marido, Dave, são casados há mais de quarenta anos e são pais de quatro filhos adultos. Dave e Joyce Meyer vivem atualmente em St. Louis, Missouri.